클라우드 국가가 온다

클라우드 국가가 온다

2021년 11월 10일 초판 2쇄 발행

지은이 | 전병조, 최원정, 황세희, 이대식, 구희상, 티테녹 안나, 유무상
펴낸곳 | 도서출판 이새
펴낸이 | 임진택
책임편집 | 전경심
디자인 | redesign · 마루그래픽스

출판등록 | 제2020-000038호
등록일자 | 2015년 07월 21일
주소 | 인천광역시 서구 청라한내로 100번길 8-28, 청라레이크봄 806호
전화 | 02-305-6200, 070-4275-5802(팩스)
이메일 | info@isaebooks.com

© 재단법인 여시재 2021
ISBN | 979-11-88272-38-9 (13300)

클라우드 국가가 온다

흥미진진한 '상상 실험'에 오신 것을 환영합니다. 우리의 상상 실험은 미래 국가와 시민의 삶을 조망한 것입니다. 4차 산업혁명 시대에 손안의 디지털 기기에서 이루어지는 혁명은 이제 놀라운 일이 아닙니다. 디지털 혁명은 우리 일상은 물론이고 사회와 권력의 지형도 바꾸고 있습니다. 이러한 변화는 머지않아 국가와 시민의 관계도 변화시킬 것입니다. 과연 어떻게 바꿔놓을까요? 그리고 그것이 우리에게는 어떤 의미일까요? 이 책은 바로 이러한 호기심에서 출발합니다.

초연결 네트워크 사회

4차 산업혁명은 초연결 네트워크 사회를 탄생시키고 있습니다. 이제 모든 것이 연결되고 있습니다. 인터넷은 사람과 사람을 넘어 사물까지 연결하고(IoT), 인간의 신체까지 연결하는 YoT(You of Things)로 진화할 준비를 하고 있습니다. 이러한 초연결성은 지금까지 경험하지 못한 변화를 만들어내고 있습니다.

상품 유통과 소비, 생산과 노동이 변하고 있습니다. 소비자와 생산자 간의 경계도 무너지고 있습니다. 모든 경제활동의 시공간적 제약도 사라지고 있습니다. 초연결성은 당연하게 여기던 경제 법칙도 바꾸고 있습니다. 초연결 네트워크에서는 수확체감이 아니라 수확체증의 원리가 지배합니다. 네트워크 확장에 따른 한계비용이 거의 증가하지 않기 때문입니다. 새로운 경제 원리는 플랫폼 산업을 탄생시켰으며, 디지털 경제의 메인스트림이 되었습니다. 플랫폼의 경제적 가치는 기존 산업을 뛰어넘은 지 오래입니다. 이제 모든 산업이 플랫폼화되고 있습니다.

전염병 대유행으로 연결망은 더욱 촘촘해지고 있습니다. 비대면-온라인 방식은 거의 모든 일상으로 확대되고 있습니다. 위기 상황에서 삶을 유지하는 유일한 방편이다 보니 그 어느 때보다 빠르게 정착된 것이지요. 이제 비즈니스 회의, 학교 수업, 문화 공연, 세미나까지 할 수만 있다면 대부분의 활동이 온라인에서 이루어집니다. 가상현실 기술의 진화는 비대면 생활을 현실과 거의 비슷한(virtually real) 수준으로 끌어올리고 있습니다. 이제 우리는 또 다른 우주인 메타버스에서 삶을 즐기고 생활할 준비를 하고 있습니다.

초연결성은 권력 구조를 바꾸고 있습니다. 우리가 가장 주목하는 변화는 바로 이것입니다. 누구나 연결의 중심이 될 수 있기 때문에 정보 비대칭성이 완화되고 있습니다. 이는 정보 독점에서 오는 권력이 모두에게 분산된다는 뜻입니다. 이제 누구나 의제 설정을 주도할 수 있습니다. 특정 계층의 전유물이었던 어젠다를 설정하는 권력이 연결점에 있는 우리 모두에게 분산된다는 것이지요. 다양한 분야에서 '인플루언서'라는 신인류가 등장했습니다. 이제 '레거시 권력'은 인플루언서들과 경쟁하는 시대를 맞이하고 있습니다.

초연결성은 신뢰성 메커니즘에도 변화를 일으키고 있습니다. 그동안은 복잡하게 설계된 법률제도와 그것을 실행하고 유지하는 중앙 운영기구가 거래의 신뢰성을 보증했습니다. 하지만 블록체인 기술은 신뢰성 메커니즘에 대한 새로운 대안으로 떠오르고 있습니다. 초연결성이 열어놓은 분권화에 블록체인 기술이 더해지면서 세상은 탈중앙화의 시대로 변모하고 있습니다.

우리의 호기심은 여기서 시작합니다. 초연결성이 만들어놓은 분권화와 탈중앙화는 미래 국가와 시민의 삶에 어떤 변화를 가져올까요? 근대국가의 기초인 '사회계약'은 분권화와 탈중앙화가 이루어지는 초연결성 시대에도 여전히 유효할까요? 대의 민주주의는 어떻게 될까요? 플랫폼을 통해 모든 사람이 연결되고, 또 원격으로 일하는 '디지털 지구촌'에서 국가와 시민, 국가 간의 관계는 어떻게 변화해갈까요? 우리는 이 모든 질문을 탐구하는 여정을 시작했지만 기존 연구에서는 만족스러운 답을 찾지 못했습니다. 결국 우리는 '상상 실험'으로 새로운 지적(知的) 시도를 했습니다.

상상하는 미래와 창조하는 미래

앨빈 토플러는 "미래를 예측하는 가장 좋은 방법은 상상하는 것"이라고 했습니다. 우리는 '미래의 모습을 구조적으로 상상'해보기로 했습니다. 현재 변화를 이끄는 핵심 요인들(drivers)을 파악하고 이들의 관계와 상호작용을 상상해보는 것입니다. 핵심 요인들에는 기술 변화, 사람들의 행태 변화, 거버넌스 구조의 변화 등이 포함됩니다. 여러분은 이 책의 전반부에서 상상하는 미래 국가의 모습을 만날 수 있습니다.

미래학의 또 다른 거장 피터 드러커는 "미래를 예측하는 가장 좋은 방법은 미래를 창조하는 것"이라고 했습니다. 우리는 적극적으로 우리가 바라는 디지털 세계의 미래 국가를 생각해보기로 했습니다. 미래 국가와 시민의 삶이 요구하는, 바람직한 나라가 어떤 모습이어야 할지, 어떻게 만들어가야 할지 상상해보는 것입니다. 이 책의 후반부는 우리가 창조해낸, 살고 싶은 미래 국가의 모습을 담았습니다.

이 책은 총 7장으로 구성되어 있습니다. 제1장은 초연결 네트워크 세상에서 새롭게 탄생할 미래 국가를 큰 틀에서 설명합니다. 우리는 초연결 네트워크 사회의 두 가지 핵심 원리인 '클라우드 컴퓨팅'과 '크라우드 소싱'을 토대로 국가가 진화할 것으로 상상하며 새로운 미래 국가를 '클라우드 국가'로 명명했습니다. 근대국가의 산물인 '국가'와 '사회계약'이 클라우드 국가에서는 어떻게 변화하며 그 변화의 동인은 무엇인지를 중심으로 살펴봅니다.

제2장은 클라우드 국가를 만들고 움직이는 기술적 요인의 변화를 살펴봅니다. 특히 초연결성을 강화하는 기술의 진화 양상을 자세하게 다룹니다. 이 같은 초연결성이 인간의 사고와 행동에 어떤 영향을 미치며 경제적 활동과 삶은 어떻게 변화할지 인문학적 상상력으로 풀어 봤습니다.

제3장과 제4장은 클라우드 국가에서의 정치와 국제 관계, 정부와 시민권, 경제와 금융 등 전 분야에 걸쳐 나타날 변화를 구체적으로 들여다봅니다. 이미 많은 정부 서비스가 디지털화(digitalization)되고 있습니다. 클라우드 국가가 디지털화를 넘어 어떤 혁신과 변화를 가져올지 상상해보았습니다. 지금의 시민권이 사이버 세상에서 '디지털 시민권'으로 확장되면 디지털 노동 플랫폼, 이민, 그리고 국제 관계에 어

떤 영향을 미치게 될지도 알아보았습니다. 경제 분야는 가상현실 기술의 확장과 가상자산이 가져올 경제 거래의 변화와 새로운 금융의 가능성을 살펴보았습니다.

클라우드 국가의 모습은 그 자체로 유토피아일까요? 제5장은 앞 장에서 보여준 낙관론을 잠시 접어두고 개인이 맞닥뜨릴 수 있는 위협요인을 살펴봅니다. 이미 문제로 떠오른 플랫폼 산업의 그늘은 물론이고, 알고리즘의 편향성과 횡포, 초연결 사회의 인권 문제(연결될 권리와 단절될 권리 문제), 디지털 아나키스트, 노동자 보호 문제, 지속가능성 문제 등 여러 가지 도전 과제들을 알아보았습니다.

제6장은 클라우드 국가의 바탕이 될 대안적 정치 철학을 탐구합니다. 신자유주의 경제가 확산한 양극화와 대의 민주주의 위기를 극복하기 위해서는 국가와 시민의 공공적 삶에 대한 근본적인 생각의 전환이 필요하다는 관점에서 대안을 찾았습니다. 이 장에서는 '유연한 민주주의(liquid democracy)'와 '신공화주의'의 개념을 제시하며 클라우드 국가에서 어떻게 발현될 수 있는지를 고민했습니다.

마지막으로 제7장은 우리가 희망하는 클라우드 국가를 만들기 위한 방안을 제시합니다. 디지털 혁명이 새로운 인류 문명의 희망이 되기 위해서는 결국 인류의 보편적 가치를 높이는 데 기여해야 합니다.

이 장은 클라우드 국가가 직면할 도전 과제들에 대해 우리가 내놓는 구체적 대안과 전략인 동시에 바람직한 미래를 만들기 위한 첫걸음이기도 합니다.

이 책은 상상력과 통찰력을 기꺼이 투자해준 여러 동료들이 함께 만들었습니다. 특히 디지털 원주민과 이방인이 서로 영감을 주고받으며 알찬 상상 실험 결과를 만들 수 있었습니다. 처음에는 '클라우드 크라우드 국가(cloud crowd state)'라는 개념에서 출발했습니다. 새로운 상상 실험은 디지털 원주민인 구희상과 안나 티테녹의 착상이 단초가 됐습니다. 이들의 창의적 발상은 곧 황세희, 최원정, 유무상, 이대식, 전병조 등 디지털 이방인들에게 복음처럼 전파됐습니다. 뭔가 범상치 않다는 것을 눈치 챈 디지털 이방인들이 참여하면서 작업이 탄력을 받았습니다. 신선한 상상에 경험과 철학이 가미되면서 미래 국가를 상상하는 실험은 점차 틀을 갖춰나갔고, 자유로운 상상과 무질서한 토론도 시작되었습니다. 토론은 때때로 표류하기도, 길을 잃어 헤매기도 했지만, 결국 알찬 내용과 정돈된 서술이라는 결실을 맺었습니다. 상상 실험은 그 자체로 흥미로웠기에 모두 즐거운 경험을 한 셈입니다.

아직 다듬어지지 않은 부분, 왠지 섭섭한 빈 구석은 여전합니다. 이유는 간단합니다. 우리가 미처 상상하지 못한 부분이 있기 때문이지요. 결국 이 책에서 상상하고 창조한 클라우드 국가의 모습은 미완성입니다. 독자 여러분이 우리의 상상 실험에 함께 참여해 더 완성해나가야 합니다. 함께 꾸는 꿈은 세상을 바꿀 것입니다.

2021년 10월

필자 대표 전병조

6장 클라우드 국가의 정치 원리

7장 만들어가는 미래

1장

클라우드 국가란 무엇인가

디지털 창세기가 왔다

인류가 그동안 생산한 데이터의 90퍼센트는 2016년부터 2018년 사이에 만들어진 것입니다. 인류가 생산한 데이터의 양인 '디지털 우주'는 2년마다 두 배씩 증가하고 있습니다.[1] 그야말로 인류는 새로운 창세기를 써나가고 있습니다.

디지털 창세기의 인류는 창조주이자 피조물입니다. 미래학자 에이미 웹은 IOT(사물인터넷)를 넘어 사람의 몸이 네트워크가 되는 YOT(You of Things)의 시대로 전환할 것이라고 말했습니다. 스마트폰, VR 글라스를

▌ IOT와 YOT 개념 비교

출처: MMKOREA, IoT, 사물 인터넷의 역사, 2019. 6. 5.

1　Institute for the Future, "The Hyperconnected World of 2030~2040", 2020.

비롯해 사람의 몸에 직접 연결된 센서나 칩을 통해 정보를 전송합니다. 인간 자체가 네트워크의 구성원으로 기능하는 것이지요. 네트워크의 소비자였던 인간은 이제 네트워크의 생산자가 되었습니다.

디지털 세상의 확장은 새로운 인류, 새로운 사회를 만듭니다. 산업 문명 속에 꽃피웠던 현대국가는 변화에 직면합니다. 대량생산과 대량소비에 최적화된 경제, 대의 민주주의와 다수결로 움직이던 국가의 존재가 도전받고 있습니다. 디지털 격차, 소득 격차의 심화, 지속가능성의 위기, 고령화와 인구 감소, 국가 간 패권 경쟁. 21세기 국가 체제가 해결하지 못한 과제들입니다. 디지털 창세기 시대에 과연 기존의 국가 시스템으로 이 문제들을 해결할 수 있을까요? 새로운 시스템으로 솔루션을 모색해야 하는 것은 아닐까요? 우리는 디지털 창세기의 새로운 국가상을 그려보았습니다. 우리는 이를 '클라우드 국가(Cloud Crowd State)'라고 부릅니다.

클라우드 국가, 연결된 시민들이 만들어낸 네트워크

클라우드 국가는 네트워크 국가입니다. 쟁점들은 블록체인 네트워크 등으로 투명한 논의를 통해 공개되고 신뢰받습니다. 가상화 기술은 개인이 거대한 하드웨어를 구축하지 않고도 네트워크를 통해 광범위한 정보에 접근할 수 있도록 합니다. 클라우드 국가에서 제기되는 이슈들은 클라우드 컴퓨팅을 통해 민첩하고 유연하게 다뤄지며, 비용도 절감됩니다. 창의적인 아이디어나 프로젝트를 소액

주주들과 연결하는 크라우드 펀딩처럼 전문가, 이해관계자, 그리고 관심 있는 네크워크 구성원의 대화와 토론으로 솔루션이 도출됩니다. 개개인의 의사 표현이 다수결에 매몰되지 않습니다. 다양성과 관용, 투명성이 확보되는 만큼 정보에 대한 책임과 안전이 필요합니다. 때문에 가상세계에서는 명성이 하나의 자산이 되고, 이해관계보다 네트워크 구성원의 관계가 더 중요합니다.

클라우드 국가는 클라우드 컴퓨팅 기술과 크라우드 펀딩의 원칙이 공존하는 국가입니다. 지리적 경계가 존재하지 않습니다. 네트워크에 소속된 사람이면 누구나 성별, 출신 지역, 계층에 구애받지 않고 같은 시민으로 활동할 수 있습니다. 연결된 시민이 만들어낸 네트워크 공동체가 클라우드 국가입니다. 클라우드 국가의 기반이 될 클라우드 컴퓨팅과 크라우드 펀딩의 특성을 살펴봅시다.

클라우드 컴퓨팅을 가능하게 만든 가상화 기술은 개인 사용자가 거대한 하드웨어를 구축하지 않고도 광범위한 정보과 기술에 접근할 수 있도록 합니다. 국제전기통신연합(ITU)의 보고에 따르면, 2019년 기준으로 전 세계 인구 절반 이상인 40억 명이 인터넷을 사용합니다. 이대로 가면, 2030년에는 지구 전체가 인터넷으로 연결될 것입니다.

IOT와 YOT의 결합이 견고해질수록 클라우드 컴퓨팅이 더 필요합니다. 개인이나 기업이 별도의 데이터센터를 운영하는 것보다 전문화된 클라우드 서버 공급자들에게 위탁하는 것이 합리적입니다. 개인, 기업, 조직이 실시간으로 생산하는 정보는 안전하게 암호화되어 클라우드 서버에 저장되고 정보를 필요한 곳에 공급합니다. 클라우드 서버의 정보는 자유롭게 이동합니다. 먼 거리에 있는 사람들 간의 소통과 정보 공유도 실시간으로 가능합니다. 초연결, 분산화, 민첩성, 비용 절감이 클라우드 컴퓨팅의 장점입니다.

크라우드 펀딩은 창의적인 아이디어나 프로젝트를 소액주주들과 연결하는 시스템입니다. 프로젝트 소유자가 사업을 진행하기 위하여 온라인에서 사업을 홍보하고 이에 불특정 다수의 소액투자로 목표금액을 모집합니다. 1인 기업이나 창의적인 아이디어를 가진 중소기업들에게 유용한 펀딩 방법이지요. 재원이 적어도 아이디어에 공감하는 사람들이 모이면 크라우드 펀딩으로 충분히 현실화할 수 있습니다. 네크워크 상의 쟁점과 논의 과정은 투명하게 공개되고 블록체인으로 신뢰를 확보합니다. 개인의 목소리가 다수결에 매몰되지 않습니다. 아이디어 중심, 소수의 연대, 소액의 자본으로도 의사결정에 참여할 수 있다는 것이 크라우드 펀딩의 특성입니다.

시민이 생산자이자 소비자, 의사결정자인 사회

클라우드 국가는 클라우드 컴퓨팅과 크라우드 펀딩의 장점을 결합한 사회를 지향합니다. 클라우드 국가는 네트워크 국가입니다. 이 국가 속에서 개인은 네트워크의 생산자이자 소비자, 그리고 의사결정자의 지위를 갖습니다. 네트워크가 힘을 낼 수 있는 것은 연결된 개인이 존재하기 때문이죠. 연결된 개인들이 상호작용하며 만드는 데이터는 네트워크의 기초를 이루는 자산입니다. 축적된 데이터와 클라우드 컴퓨팅, 그리고 인공지능이 결합하여 새로운 정보가 만들어집니다. 인간-네트워크-정보의 상호작용이 순환과 재생산을 거듭하는 것이지요. 이 과정 속에서 권력 집중, 자본에 의한 지배, 인간 소외, 정치의 탈정치화 문제를 해결할 단초를 찾을 수 있습니다. 다양성과 관용, 투명성이 확보되는 만큼 동시에 정보에 대한 책임성과 안전성이 요구될 수밖에 없습니다. 커뮤니티별로 담론이 활발해지고, 적극적인 시민 참여가 자연스러워집니다. 그만큼 의사결정을 할 때도 자본에 기초한 이해관계보다는 자신이 가치를 두는 네트워크가 더 중요해집니다.

근대의 산물인 국가 체제는 그간 다양한 한계에 부딪혔습니다. 포퓰리즘이 전 세계를 휩쓸고 있습니다. 세대별, 계층별, 지역별 양극화는 심화되었습니다. 강대국의 세력 경쟁에 국제사회 전체가 전쟁에 휘청거린 시기도 있었습니다. 산업화는 지방 공동체의 붕괴를 가져왔고 도시에 모여든 사람들은 높은 생활비에 허덕입니다. 클라우드 국가는 이러한 근대국가 체제의 한계를 해소하는 대안적 모델입니다. 구성원 모두가 존중받는 사회, 사익보다 커뮤니티의 가치를 중시하는 사회를 분산과 초연결 네트워크로 만들 수 있습니다.

더 유연하고 민첩하게, 그리고 시민이 더욱 존중받는 사회계약

최초의 국가 형성을 떠올려볼까요. 홉스가 말했던 '만인의 만인에 대한 투쟁', 즉 자연 상태의 위험을 해소하고 개인의 생명과 권리를 보호하기 위해 사회계약이 등장했습니다. '리바이어던'이라는 국가 권력을 등장시킨 것이 바로 이 사회계약입니다. 사회계약론의 공통된 논리는 만인에게 주권이 존재하며, 개인은 사회계약을 통해 자신의 주권을 일시적으로 국가에 양도한다는 것입니다. 대신 자신의 권리가 보호받지 못하면, 시민은 국가 권력에 저항할 수 있습니다.

클라우드 국가는 21세기에 사회계약을 다시 쓰도록 합니다. 우리는 "선거 때만 국민으로 대접받는다"고 한탄합니다. 선거는 시민이 맺은 사회계약을 점검하고 재신임하는 중요한 이벤트입니다. 사회계약을 성실히 수행할 대리인을 뽑는 시간이지요. 다만, 오늘날 많은 국가가 채택하는 대의제 민주주의에서는 개별 시민의 의견이 제대로 전달되지 않습니다. 정치인이나 정당에 대한 지지 혹은 불만을 투표로 표출할 뿐, 정책에 대한 선호를 직접 표출하고 의사결정에 참여할 여지는 좀처럼 존재하지 않습니다. 외려 포퓰리즘에 선동된 채 다수결의 논리로 국가의 중대사가 결정되기도 합니다. 잘못된 정책의 피해는 시민이 고스란히 떠안는 것이지요.

클라우드 국가는 계약 주체로서의 시민의 지위를 향상시킵니다. 네트워크의 소비자이자 생산자, 그리고 의사결정자인 시민의 목소리가 잘 전달되는 시스템이지요. 클라우드 국가는 더 자유롭고 유연하며, 더 존중받는 사회를 지향합니다. 관계의 제약도 뛰어넘을 수 있습니다. 제페토나 로블록스와 같은 메타버스 플랫폼을 사용해보셨다면 낯선 이와 서슴없이 대화를 나누는 문화에 당황하실 수도 있습니다. 제페토의 특정 '월드'에 입장하면 그곳의 다른 사용자들과 자연스레 친해질 수 있습니다. 그것도 반말로요. 아바타라는 새로운 정체성을 가지는 것이죠. 나이, 지위에 상관없이 관심사가 맞는 사람들과 친밀감을 형성하는 묘한 힘이 존재합니다. 클라우드 네트워크의 다양한 소규모 커뮤니티는 매우 효율적이며 투명한 조직입니다. 여기서 공통의 관심사와 가치관을 가진 사람들이 훨씬 빠르게 움직입니다. 때문에 클라우드 국가의 시민들은 현실의 국가보다 클라우드 국가에 더 강한 로열티를 가질 수 있습니다.

◈ 사회계약론

사회계약은 근대 유럽의 발명품입니다. 과학기술과 진보의 주체가 된 인간은 신을 대신해 자신을 보호해줄 존재를 필요로 합니다. '만인의 만인에 대한 투쟁 상태'에 내던져진 것이지요. 이 자연 상태의 무질서를 어떻게 극복하고 국가 체제 속에 안정을 추구할 것인가에 대한 고민에서 사회계약이 탄생했습니다. 홉스는 '리바이어던'이라는 가상의 절대군주에게 개인의 권리 일부를 위탁해 자연 상태를 해소할 것을 주장했습니다. 그래서 홉스의 사회계약론은 절대왕정을 옹호한다고 비판받기도 합니다. 다만, 홉스는 군주의 권력이 신에 의해 태생적으로 부여된 것이 아니라, 사회계약에 의해 국민에게 양도받은 것이라고 주장합니다.

반면 로크는 '통치론'에서 정부의 목적이 개인의 자연권을 안전하게 보장하는 데 있다고 합니다. 로크는 재산권을 자연권으로 인식했습니다. 자연 상태의 인간이 사회계약을 체결하는 이유는 생명과 자유에 더해 재산을 보존하기 위해서라는 것이지요.

루소는 프랑스혁명을 거치며, 사회계약이 성숙한 인간사회를 만들기 위한 기본 조건이라고 생각합니다. 한 사회에 참여하는 모든 사람이 동의하는 방식과 조건으로 사회계약을 만든다는 점에서 인간의 자유와 권리를 중시했습니다.

✖ 포퓰리즘

포퓰리즘은 대중 인민의 정치적 의지를 극대화하려는 사회운동의 성격을 지닙니다. 1920~40년대 경제 위기를 계기로 구포퓰리즘이 등장했는데 독일 나치즘과 이탈리아 파시즘, 그리고 라틴아메리카의 민중주의가 이에 속합니다. 20세기 말 신자유주의의 글로벌 확산 속에 대두된 포스트 포퓰리즘은 세계화, 초국가화, 시장화의 흐름에 대한 반발이라는 경향이 강합니다. 기존의 민족/국민-국가(nation-state)의 정치적 공동체 형태를 배타적으로 유지하려는 경향을 가지기도 합니다. 포스트 포퓰리즘은 2016년 발생한 영국의 브렉시트(Brexit)와 미국의 트럼프 대통령 당선 이후로 주목을 받았습니다.

디지털 창세기 국가의 진화

그렇다면 클라우드 국가와 기존의 국가는 무엇이 다를까요? 클라우드 국가가 출현하면 기존의 국가는 사라지는 걸까요? 클라우드 국가는 한마디로 디지털 우주라는 새로운 영토에 세워진 새로운 국가의 형태입니다. 현실 국가에 닻을 내리고 디지털 우주에서 살아갈 시민들을 위해 움직이는 국가라는 것입니다.

국가를 설명하는 가장 대표적인 논의는 막스 베버의 국가론일 것입니다. 베버는 국가를 "일정 영토 내의 국민들에 대하여 합법적으로 물리적 강제력을 행사할 수 있는 정치 체계"라고 정의했습니다. 영토, 국민, 합법적인 강제력, 이 3가지가 오늘날의 국가를 규정하는 개념입니다. 영토와 영해, 그리고 영공은 기존 국가를 이루는 물리적 요소입니다. 이 경계 안에 사는 사람들은 자유롭고 평등하게 살 권리를 갖습니다. 프랑스 인권선언은 이를 자연권으로 규정했지요. 사회적 합의와 계약을 통해 합법적으로 탄생한 권력에 의해서만 국민의 자유가 제한됩니다. 베버는 국민의 동의로 형성된 물리적 강제력을 정당하게 행사하는 주체를 국가로 보았습니다. 사회 안정을 위해 치안과 국방을 담당하고 질서를 유지하는 것이 국가의 기초적인 역할이었지요.

클라우드 국가는 이러한 국가의 속성을 디지털 우주로 확장했습니다. 디지털 영토라는 새로운 공간이 국가의 새로운 활동 영역이 되었습니다. 이 디지털 영토에서 활동하는 국민은 국경이나 민족이라는 물리적 개념에서 자유롭습니다. 디지털 우주에서 생활하는 사람들은 자신의 출생 배경이나 국적에 얽매이지 않고 클라우드 국가의 시민이 될 수 있습니다. 현실의 물리적 이동 없이도 디지털 영토에서 시민권을 받고 경제활동을 할 수 있습니다.

클라우드 국가는 이 클라우드 시민을 위한 서비스를 제공하고 공권력을 집행합니다. 이런 측면에서 보자면, 클라우드 국가는 디지털 창세기를 살아가기 위해 국가가 진화한 것이라 볼 수 있습니다. 현실의 국가가 필요 없다는 것이 아니라 새로운 영역에서 국가의 기능이 추가된 것이지요. 디지털 영토를 얼마나 자유롭고 유연하게, 그리고 안전하게 가꾸느냐에 따라 클라우드 시민들의 삶도 바뀔 것입니다.

디지털 창세기의
새로운 국가를 만들기 위한 상상 실험

클라우드 국가는 현실 국가의 디지털 버전이지만, 단순히 현실을 시뮬레이션하는 것에 그치지 않습니다. 클라우드 국가에서 구축한 정보와 네트워크가 현실을 변화시킬 수도 있습니다. 우리는 이 책에서 클라우드 국가가 불러올 미래 변화를 제시하려 합니다. 정치, 경제, 사회, 국제 관계에 이르기까지, 클라우드 국가에서 진행될 미래의 씨앗들이 이미 여기저기에 뿌려져 있습니다. 특히 새로운 민주주의, 새로운 국가 시스템을 위한 다양한 도전이 진행 중입니다. 뒤에 다룰 '유체 민주주의(liquid democracy)'도 그중 하나죠.

최근에 흥미로운 실험이 있었습니다. 예일대학 정치학과 헬런 랜드모어 교수는 자신의 강의시간에 수강생들과 함께 화성 헌법을 만들었습니다. 전혀 새로운 세상에서 새로운 정치적 대안을 모색하는 사고 실험이지요.

열린 민주주의를 연구해온 랜드모어 교수는 민주주의에 대한 수요는 거의 높지만, 반대로 공급은 지나치게 제한되었다고 지적합니다. 시민의 다양한 요구를 소화하여 정책화하기에 역부족이란 얘기죠. 이러한 한계를 극복하기 위해 학생들이 나름의 열린 민주주의 모델을 고안한 것입니다. "가장 좋은 방법은 구성원들의 평균 역량을 극대화하기보다는 그룹의 구성을 다양화하는 것이다. 그것은 직관에 반하는 것처럼 보이지만 어려운 문제를 해결해야 할 때 같은 생각을 하는 매우 똑똑한 사람들보다 다양한 생각을 하는 사람들과 더 잘 지낼 수 있다"고 랜드모어 교수는 설명합니다.[2] 클라우드 국가는 랜드모어가

☒ 새로운 민주주의를 찾는 실험 : 화성 헌법 만들기

학생들이 제안한 31페이지 분량의 화성 헌법에는 신체적, 심리적 진실성, 프라이버시, 그리고 정부의 간섭을 받지 않을 권리, 개인 데이터에 대한 독점적 소유권 등이 포함되었습니다. 무엇보다 학생들이 제시한 기존 민주주의 선거 모델의 대안이 흥미롭습니다. 학생들은 경제, 사회, 환경 정책, 시민권, 정부의 감독, 부처 간 관계 분야에서 입법을 위해 무작위로 선정된 250명의 화성 시민들 중 6개의 '미니 퍼블릭'을 설계했습니다. 이들 각각의 미니 퍼블릭들에서 선발된 50명의 대표가 정부의 예산을 승인하고 입법에 대한 거부권을 갖는 중앙의회를 구성한다고 설정했습니다.

---

2   John Thornhill,"Designing democracy on Mars can improve how it works on Earth", Financial Times, 2021.5.27.

설명하는 열린 민주주의를 구체화한 시스템이기도 합니다. 다양한 사람이 서로의 아이디어를 존중하고 솔루션과 합의를 이끌어냅니다. 그 기반에는 네트워크 데이터에 대한 신뢰, 구성원 간의 프로토콜에 대한 신뢰가 있습니다.

아인슈타인은 신이 인간에게 준 최고의 선물이 상상력과 직관이라고 말했다지요. 미래학자 앨빈 토플러 미래는 예측하는 것이 아니라 상상하는 것이라고 했습니다. 더 나은 내일을 만들겠다는 상상을 할수록 우리가 원하는 미래는 더 가까이 다가올 것입니다. 1962년 6월, 존 F 케네디 대통령은 인류가 달에 갈 것이라고 선언했습니다. 어려운 목표를 달성하기 위해 상상 가능한 모든 수단을 활용한 결과, 인류는 달에 첫 발자국을 남겼습니다. 이제 우주는 새로운 인간의 활동 공간이 되었습니다.

디지털 창세기는 인간이 창조주이자 피조물인 세상입니다. 이 세계는 에덴동산 같은 낙원이 될 수도, 소돔과 고모라처럼 타락한 도시가 될 수도 있습니다. 상상과 직관을 가지고 더 나은 내일을 그려가는 것이 인간에게 주어진 의무가 아닐까요. 우리는 클라우드 국가라는 상상 실험을 통해 더 나은 미래의 실마리를 찾아보려고 합니다.

2장

무엇이 클라우드 국가를
가능케 하는가?

클라우드 국가를 움직이는 기술들,
오늘과 내일

클라우드 국가의 기반 : 인공지능, 데이터센터, 5G, 메타버스

　초연결 네트워크 국가의 기반이 될 기술들은 이미 우리 삶에 자리 잡고 있습니다. 첫 번째는 인공지능입니다. AI 전문가이자 4차 산업 혁명위원장인 서울대학 윤성로 교수는 AI를 전기에 비유합니다. 전기를 가지고 다른 기계를 만들듯, AI를 어떤 분야에 활용할 것인지가 더 중요하다는 겁니다. AI는 이제 우리 생활에 자연스레 스며들고 있습니다. 네트워크에서 수집한 정보를 바탕으로 개인의 관심사, 제품에 대한 취향, 심지어 행동패턴마저 예측합니다. 관심 가질 만한 광고나 기사 혹은 영상을 보여주기도 하고, 가고 싶어 할 장소나 가게를 추천할 수도 있습니다.

　네트워크 참가자들의 행동 하나하나가 정보인 세상에서 AI는 흘러넘치는 정보를 분석해 유용한 선택지를 제시해줍니다. 클라우드 국가의 방대한 네트워크를 움직이는 데 필수적인 요소이지요.

다음으로 중요한 것은 데이터센터입니다. 클라우딩 컴퓨팅을 가능하게 하는 물리적 터전이지요. 앞에서 네트워크 참여자들이 가상화 기술을 이용하면 개별 하드웨어를 설치하지 않고도 방대한 데이터를 저장하고 활용할 수 있다고 말씀드렸습니다. 클라우드 상에 구축된 정보를 기록하고 보관하는 곳이 바로 데이터센터입니다.

페이스북이나 아마존과 같은 빅테크 기업에서부터 금융, 공공기관에 이르기까지 대다수의 조직들이 데이터센터를 운영합니다.[3] 국내의 데이터센터 매출만 해도 2018년 2조 4,240억 원에 달합니다. 클라우드 서비스 시장이 2조 3,000억 원 규모(2019년 기준)이니 두 산업의 시장 규모가 거의 비슷합니다. 코로나19 이후 급증한 재택근무와 원격수업 등의 수요를 뒷받침하는 것도 데이터센터입니다.

특히 빅데이터 시대에 핵심 인프라로 떠오르는 '하이퍼스케일' 데이터센터 구축이 주목받고 있습니다. 하이퍼스케일 데이터센터란 기존의 전통적인 데이터센터보다 훨씬 규모가 크고 유기적인 구조를 가진 데이터센터를 말합니다. 하이퍼스케일 데이터센터는 클라우드, 인공지능(AI), 빅데이터, 사물인터넷(IoT) 등에 필요한 대용량 데이터를 관리하는 데 필수적인 인프라로 꼽힙니다.[4] 클라우드 국가를 가능하게 하는 가장 기초적인 물리적 기반이라고 할 수 있겠네요.

---

3 전자신문, "AI·클라우드 시대 급부상한 '데이터센터'", 2021.3.16.
4 TechM, "5G 시대 폭증하는 데이터, '하이퍼스케일' 규모로 커지는 데이터센터", 2020.6.10.

이미 친숙해진 5G 통신도 중요한 요소입니다. 5G 와이어리스(5G
wireless)란 훨씬 더 빠른 무선 인터넷에 관한 일련의 표준 및 기술을 통
칭하는 용어입니다. 4G보다 20배 더 빠르고, 레이턴시는 120배가 더
적다고 합니다. 자연스레 사물인터넷 네트워킹의 발전과 새로운 고대
역폭 응용 분야를 지원할 것입니다.[6] 대용량 데이터를 더욱 빠르게,
그리고 지연 없이 전달하는 게 가능해졌습니다. 엄청난 양의 정보가
클라우드 서버에 거의 실시간으로 연결되는 것이 가능해졌습니다.

5G 상용화 이후 2023년까지 전 세계 인구의 20퍼센트가 5G 통신을
사용하게 될 것이라 합니다. 전 세계의 전자 디바이스가 증가할수록
5G가 삶에 미칠 영향도 커지는 것이지요. 무엇보다 5G 통신으로 인
해 스마트홈, 스마트시티가 획기적으로 개선될 것으로 보입니다. 사
물인터넷의 원활한 동작이 가능하고, 수많은 디바이스가 동시에 접속
할 수 있습니다. 달리는 열차나 자동차에서도 안정적인 연결이 가능

---

5 TechM, "5G 시대 폭증하는 데이터, '하이퍼스케일' 규모로 커지는 데이터센터", 2020.6.10.
6 IT Workd, "'얼마나 다를까' 5G 핵심 기술의 정의 및 4G와의 차이", 2019.4.3.

합니다. 따라서 다양한 센서들이 통신하고 실시간 교통정보를 활용해야 하는 자율주행차 운행에도 도움이 될 것입니다. 심지어 통신에 드는 에너지는 LTE의 1,000분의 1입니다.[7]

클라우드 국가를 더욱 실감나게 구현하게 하는 것은 메타버스 기술입니다. 가상세계라고도 불리는 메타버스는 클라우드 국가가 실제로 운영될 디지털 우주 전체를 일컫는 말이기도 합니다. 현실의 실감을 구현하기 위한 산업용 카메라나 센서 같은 하드웨어 발전도 뒷받침되었습니다. 메타버스는 단순히 VR 하드웨어의 발전으로 갑자기 출현한 게 아닙니다. 2000년대 초반 등장해 인기를 끌었던 세컨드 라이프에서는 가상화폐를 이용해 경제활동을 하는 등 현실 같은 커뮤니티 활동이 가능했습니다.

그러나 현실의 복제 같은 세컨드 라이프는 금세 인기가 사그라들었습니다. 실감나는 현실을 즐기기에 당시 기술로는 지나치게 복잡한 매뉴얼과 고가의 컴퓨터 장비가 필요했습니다. 아울러 현실 구현에 급급한 나머지 세컨드 라이프 내의 콘텐츠와 서비스는 취약했다는 지적도 있었습니다.[8]

미디어 전문가 매튜 볼은 메타버스를 가능하게 하는 기술로 하드웨어(VR, AR, 센서, 산업용 카메라 등)와 네트워킹, 컴퓨팅 파워, 가상 플랫폼, 상호 교환 툴과 표준, 디지털 결제, 메타버스적 콘텐츠와 서비스 및 자산을 꼽았습니다.[9] 이런 복잡다단한 기술이 원활하게 구동되는 오늘

---

7 Infineon, "5G – 미래의 초고속 모바일 네트워크", 2018.2.

8 아시아경제, "1세대 메타버스 이겼던 SNS들, 다시 메타버스 찾는 이유는?", 2021.8.2.; 뉴스1, "30년 전 등장한 '오래된 미래' 메타버스… '세컨드 라이프' 재탕일까", 2021.3.24.

9 Matthew Ball, 'A Framework for the Metaverse', The Metaverse Primer, 2021.6.29

날, 메타버스는 새로이 주목받고 있습니다. 사람들은 제페토, 로블록스, 포트나이트와 같은 공간에서 현실과 다름없는 사회활동, 경제활동을 즐깁니다. 비대면 화상회의에서 나아가 메타버스에서는 자신의 아바타를 통해 낯선 사람, 낯선 장소에서 새로운 교류를 맺을 수 있습니다. 물리적 제약으로 현실에서는 불가능했던 커뮤니티 활동도 가능해집니다. 클라우드 국가의 시민들이 교류하고 활동하는 디지털 영토가 생기를 갖게 된 것도 메타버스 덕분이지요.

미국의 아티스트 비플의 작품이 NFT 경매에서 700억 원이 넘는 금액에 팔렸습니다. 실제 캔버스에 그린 그림이 아니라, 디지털 파일인데 말이죠. NFT는 '대체 불가능한 토큰(Non-Fungible Token)'이라는 뜻으로 디지털 파일을 블록체인에 올리고 고유의 일련번호를 넣는 것입니다. 쉽게 말해, 비플의 그림 파일에 누가 소유자인지 기록하고, 그 기록은 마음대로 위조하거나 바꿀 수 없습니다. 이 일로 블록체인 시장이 재조명받기 시작했습니다. 온라인의 저작권 문제를 NFT가 해결할 수 있다는 걸 널리 알린 사건이기 때문이죠. 암호화폐는 실물경제와 연동하지 않아 빈껍데기나 다름없다는 비판을 받아왔는데, 이를 불식시킨 일이기도 합니다.

메타버스라는 새로운 세계가 펼쳐지면, 우리는 지갑에 있는 현금보다 암호화폐에, 집문서보다 NFT에 더 익숙해질 것입니다. 현실에서 쓰는 현금이나 플라스틱 카드를 가상세계에서 쓸 수는 없으니까요. 그것을 가능하게 하는 기술이 바로 블록체인입니다. 블록체인 기술은 비트코인(Bitcoin)으로 처음 현실화되었습니다. 블록체인 기술이 무엇보다 먼저 화폐로 등장한 것은 신뢰 문제와 관련이 있습니다. 비트코인 등장 배경에는 2008년 금융위기가 있습니다. 더는 중앙정부의 화폐 시스템을 믿지 못하겠다는 불신이 싹트기 시작한 것이죠. 화폐는 곧 신용인데, 사람들의 신뢰를 얻지 못하는 화폐는 종잇조각에 지나지 않습니다. 사람들은 중앙이 찍어내는 돈보다, 오히려 탈중앙화된 화폐 시스템이 더 안전하다고 생각하기 시작합니다.

이 신뢰 문제를 클라우드 국가에 대입해볼까요? 미래는 초연결 사회입니다. 우리는 이 사회를 사람의 몸이 네트워크가 되는 YoT(You of Things)의 시대라고 전망합니다. 하지만 이 네트워크가 중앙의 통제를 받는다면, 외부 공격에 더 취약할 수도 있고 빅브라더 마음대로 우리를 조종할지도 모릅니다.

블록체인 시스템은 서로를 신뢰하지 못하는 문제를 이론적으로, 그리고 기술적으로 해결했습니다. 비잔틴 장군 문제의 가정은 이렇습니다. 비잔틴 제국 군대가 적의 성을 포위하고 있습니다. 각 부대는 지리적으로 떨어져 있고, 이들 중에는 배신자가 있을 수도 있습니다. 한날한시에 총공격하기로 했을 때, 배신자 장군이 부대를 움직이지 않는다면 아군은 궤멸할 것입니다.

이 문제의 가장 기본적인 해결책은 비잔틴 장애 허용입니다. 일부 시스템 오류가 발생하더라도 나머지 시스템은 정상적으로 작동하게 놔두는 것이지요. 충직한 장군을 3분의 2 이상만 확보하면 전령의 오류나 배신자의 농간을 시스템적으로 저지할 수 있습니다.

비트코인은 단순히 코인의 거래 내역을 기록하는 장부입니다. 그러나 2세대 블록체인으로 불리는 이더리움(Ethereum)은 장부를 뛰어넘어 스마트 콘트랙트가 가능합니다. 스마트 콘트랙트는 두 사람 사이의

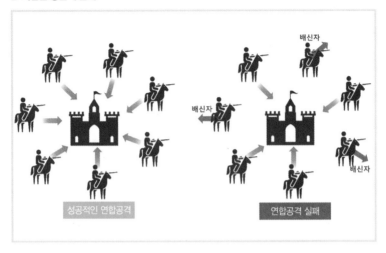

약속을 블록체인 위에 올리는 것입니다. 'A가 B에게 물건을 보내면, B가 A에게 1이더(ETH)를 전송한다'와 같이 조건을 코드로 작성해 블록체인에 올립니다. 계약 조건을 충족하면 약속대로 1이더가 자동으로 전송됩니다. 블록체인은 함부로 위조, 변조할 수 없으니 안전합니다. 지금 유행하는 NFT는 대부분 이더리움으로 거래됩니다.

아직 초기 단계인 스마트 콘트랙트의 가능성은 무궁무진합니다. 팬데믹으로 한풀 꺾인 것 같지만, 공유경제는 거스를 수 없는 대세입니다. 스마트 콘트랙트를 활용하면 진짜 공유경제를 실현할 수 있습니다. 에어비앤비라는 중개 플랫폼 없이도 한 달 살기 숙소를 직접 계약할 수 있는 것이죠. 계약이 스마트 콘트랙트로 확실히 이행되니 분쟁도 줄어들 것입니다. 더 기대되는 것은 소위 깜깜이 시장이라 불리는 곳이 투명해진다는 것입니다. 물류·유통시장은 너무 복잡해서 어디서 비용을 줄일 수 있을지 모를 정도입니다. 의료시장은 민감한 개인

정보를 함부로 수집할 수 없어 환자들에게 맞춤 서비스를 제공하지 못합니다. 그 밖에 통합된 데이터도 없고, 정보가 투명하게 공개되지 않은 곳도 많습니다. 대표적인 것이 중고차와 출판시장입니다.

초연결 시대에도 이런 깜깜이 시장이 존재한다는 게 놀라울 따름입니다. 그만큼 스마트 콘트랙트는 앞으로 우리 생활 밀접한 곳에 스며들어 미래를 획기적으로 변화시킬 것입니다.

IoT에서 YoT로, 다가올 기술의 진화

클라우드 국가가 등장한다면 더욱 발전할 기술들도 있습니다. 서두에서 잠깐 언급한 YoT를 기억하실 것입니다. 인간이 네트워크의 소비자이자 생산자, 의사결정자이도록 하는 것이 바로 YoT라고 했습니다. 클라우드 국가가 현실이 되면 YoT의 역할도 커질 것입니다. 어떠한 기술이 우리를 기다리고 있는지 간단히 살펴볼까요.

먼저, 클라우드 국가의 방대한 정보를 빠르게 처리하기 위한 반도체의 진화가 기대됩니다. 클라우드 국가는 IoT를 넘어 YoT가 실현되는 곳입니다. 한 명 한 명의 사람이 네트워크 자체가 된다는 것이지요. IoT 시대에는 스마트폰이나 컴퓨터 같은 전자기기를 통해 네트워크에 접속할 수 있었습니다. 중간 매개체를 하나 거쳐야 하니 일을 처리하는 속도나 생생함이 떨어집니다. 아무리 화상회의 기술이 발달해도 접속하고 화면을 공유하려면 꽤 많은 시간이 걸립니다. 또 아무리 VR 헤드셋 기술이 발달했어도 눈으로 직접 보는 것보다 현실감이 떨어지는 것은 사실입니다.

인체에 들어올 미래 반도체

YoT가 일상이 된 클라우드 국가에서는 우리의 몸이 네트워크에 직접 연결될 듯합니다. 일론 머스크가 설립한 뉴럴링크(Neuralink)라는 스타트업이 있습니다. 이 기업은 인간의 뇌에 칩을 심어 컴퓨터와 연결하려고 합니다. 이것을 'BCI(Brain-Computer Interface, 뇌-컴퓨터 인터페이스)' 기술이라고 부릅니다. 사람을 사이보그로 만드는 것 같아 괴기스럽게 들릴지도 모르겠습니다.

하지만 인간은 몸으로 네트워크에 직접 접속하려는 열망을 보입니다. 현대인들이 스마트폰에서 손을 놓지 못하는 것만 봐도 그렇습니다. BCI 기술을 완성하려면 인간의 뇌에 작은 반도체 칩을 이식해야 합니다. 물론 여기에 사용되는 칩은 우리가 아는 반도체보다 훨씬 정교하고 생체 친화적입니다. 반도체 기술의 발전은 기계를 넘어 인간과 인터넷을 연결하는 데도 필요합니다. 우리는 이미 그 중간 단계에 와 있다고 생각합니다. 먼 미래의 일이 아닙니다.

2021년 6월, 구글은 AI 반도체를 설계하는 AI 소프트웨어를 개발했다고 발표했습니다. 기계가 기계를 만드는 시대가 온 것입니다. 클라우드 국가가 24시간 끊임없이 운영된다면 사람들과 네트워크의 연결이 숨 쉬는 것처럼 자연스러워질 것입니다. AI 반도체는 이러한 연결을 가능하게 해줄 것입니다.

◼ 뉴럴링크의 혁신

뉴럴링크가 생각만으로 게임을 하는 원숭이 영상을 공개해 화제가 되었습니다. 영상 속 원숭이는 매우 능숙하게 게임을 즐기는 모습입니다. 다른 모니터로 원숭이의 뇌파 활동도 실시간으로 보여줍니다. 뇌에 칩을 심는 기술이 현실화하면 뇌 질환이나 신체장애 환자를 치료할 수 있을 것입니다. 끊어진 신경을 대신해서 칩이 뇌의 신호를 신체에 전달할 수 있으니까요. 사실 뇌를 컴퓨터와 연결해서 장애를 치유하겠다는 아이디어는 새로운 것이 아닙니다. 뉴럴링크 이전에도 뇌에 칩을 심어 마비 환자가 로봇팔을 움직이게 하는 기술 개발이 진행된 적이 있습니다.

그러나 인간의 뇌가 워낙 예민한 부위라, 칩이 뇌를 손상하지 않는 소재여야 한다는 장벽이 있었습니다. 뉴럴링크는 이런 기술적인 문제에서 혁신적인 성과를 이뤄냈습니다. 먼저 뇌에 이식하는 칩을 사람의 머리카락보다 가늘고 유연한 실의 형태로 개발했습니다. 그리고 칩을 두개골에 삽입하려면 위험이 따르는데, 뉴럴링크는 이 얇은 실을 수천 개 삽입하는 방식으로 안전한 수술이 가능하도록 했습니다. 뇌의 신호를 블루투스처럼 무선으로 전달하는 것도 엄청난 성과입니다. 충전 역시 무선으로 가능합니다.

양자 컴퓨터가 가져올 더 진짜 같은 미래

다음으로 주목할 분야는 양자 컴퓨터입니다. AI의 핵심은 빅데이터입니다. 방대한 데이터를 인공지능이 처리하고, 스스로 학습한다는 것인데요. 여기서도 결국은 속도입니다. 사람이 1년 걸려 처리할 데이터를 1초도 안 걸리고 해결한다는 것이니까요. 양자 컴퓨터가 등장하면 더 많은 데이터를, 더 빨리 처리할 수 있습니다. 양자 컴퓨터는 꿈의 컴퓨터로 불립니다. 지금의 컴퓨터로 수백만 년 걸리는 계산을 몇 초 만에 끝낼 수 있다고 합니다.

양자 컴퓨터는 과학자들 사이에서도 아직 미지의 영역이긴 합니다. 그래서 과학자들도 양자 컴퓨터가 실현되면 그것으로 무얼 할지 모릅니다. 다만 엄청나게 빠른 계산으로 많은 데이터를 검색할 수 있다는 것, 그 하나만으로도 상상할 수 있는 일은 무궁무진합니다. 가깝게는 AR과 VR, 메타버스 같은 가상세계의 모습이 현실보다 더 현실 같아질 수 있습니다. 우리가 화상회의라 부르는 것도, 그때는 무엇이 현실이고 가상인지 구분할 수 없는 수준이 될지도 모릅니다.

궁극적으로 AI가 발달하고, 그것을 인간의 뇌로 컨트롤하고, 생생함을 더한 가상세계가 펼쳐질 수 있겠지요. 그야말로 사람이 생각하는 대로 이루어지는 세상입니다.

양자 컴퓨터가 단지 가상세계를 넓히는 데만 영향을 미치지는 않을 것입니다. 역설적으로 양자 컴퓨터가 만드는 더 진짜 같은 가상세계는 우리의 실제 삶을 더 윤택하게 만들 것입니다. 양자 컴퓨터 전문가인 카이스트 이준구 교수는 양자 컴퓨터가 인공지능 활용을 더 극대화할 것으로 전망합니다. 우리가 상상하는 AI를 구현하려면 엄청난 전력과 빠른 데이터 처리 속도가 필요합니다. 지금의 컴퓨터로 높은 수준의 AI를 구현할 수 있을지에 대해서는 꽤 많은 전문가들이 물음표를 던집니다. 그러나 양자 컴퓨터가 상용화되면 컴퓨팅 문제가 해결된다는 것입니다. 더 진짜 같은 가상세계가 삶의 영역을 넓힌다면, 양자 컴퓨터의 날개를 단 인공지능은 우리 삶의 문제를 해결할 것입니다. 양자 컴퓨터와 AI의 만남에서 가장 먼저 떠올릴 수 있는 것은 화학 분야, 그중에서도 신약 개발입니다. 화이자와 모더나 같은 세계적인 제약회사가 빠른 시일에 코로나19 백신을 개발할 수 있었던 건 이미 임상 빅데이터 시스템을 구축했기 때문입니다. 화학은 지나치게 복잡해서 직접 실험해볼 수밖에 없는데, 양자 컴퓨터로 시뮬레이션을 하면 신약 개발 속도와 성공률을 획기적으로 높일 수 있습니다.

배터리와 공존하는 인간

뉴럴링크가 실현된다고 해서 세상의 모든 컴퓨터나 기계가 사라지는 건 아닙니다. 그것들을 우리 뇌로 컨트롤할 수 있다는 뜻이지요. 오히려 마음먹은 대로 살기 위해서는 디지털 디바이스가 다른 제약 없이 인간의 생활을 편리하게 도와야 합니다. 기계의 치명적인 약점은 전력입니다. 아직도 전기 코드가 없으면 사용할 수 없는 디바이스가 많고, 스마트폰 배터리의 용량도 채 이틀이 가지 않습니다. 최근 전기차 붐이 일어나면서 대용량 배터리에 관심이 많습니다. 이 역시 배터리 용량에 따른 주행거리, 충전시간 등이 과제로 남아 있습니다.

이동이 자유로운 클라우드 국가에서 배터리는 우리의 발목을 잡을지도 모릅니다. 차세대 배터리로 전고체 배터리가 주목받고 있습니다. 지금 사용하는 리튬이온 배터리보다 에너지 밀도가 높고, 폭발 위험으로부터 더 안전합니다. 꿈의 배터리라고는 하지만, 전고체 배터리 역시 대용량으로 자동차 같은 큰 기계에 맞춰져 있습니다. 궁극적으로는 이동하면서도 충전이 되는 무선충전의 시대가 열릴 것입니다. 인간의 뇌가 컴퓨터와 연결된다면, 우리도 무선충전의 보조를 받아야 할 수도 있습니다. 커다란 배터리를 짊어지고 다닐 수는 없으니까요.

클라우드 국가는 IoT를 넘어 YoT가 가능한 세상입니다. 인간의 몸이 자유자재로 네트워크에 접속하고, 네트워크 자체가 되기 위해서는 디바이스가 가로막는 장벽을 뛰어넘어야 합니다. AI에 대한 기대와 두려움이 공존하는 시대입니다.

⬙ 무선충전기술의 미래

배터리의 미래가 전고체 배터리라면, 그다음은 배터리가 없는 세상, 즉 무선충전의 시대가 될 것입니다. 아직 무선충전기술은 춘추전국 시대입니다. 그만큼 다양한 기술이 무선충전의 표준이 되기 위해 도전하고 있습니다. 지금 우리 일상에서 가장 쉽게 볼 수 있는 무선충전은 자기유도 방식입니다. 충전패드 위에 스마트폰을 올려놓으면 충전이 되는 방식이지요. 몇 년 후면 전자기기가 패드와 약간 떨어져 있더라도 충전이 되는 자기공명 방식 충전 기술이 상용화될 것이라고 합니다.

와이파이처럼 한 구역이 전부 무선충전되도록 하는 기술도 있습니다. RF 무선충전기술입니다. 와이파이가 닿는 일대에서 모두 와이파이 신호를 받을 수 있듯이, 수 미터 떨어진 원거리에서 여러 개의 기기를 무선충전할 수 있습니다. 현재 세계에서 네 개의 기업만 이 기술을 보유하고 있다고 합니다. 미국 두 개 기업, 그리고 이스라엘과 한국 기업입니다.

그러나 무선충전 분야에서도 가장 큰 시장은 자동차입니다. 궁극적으로는 자동차가 도로 위를 달리면서도 충전이 가능해야 합니다.

이 기술은 아직 걸음마 단계입니다. 원거리에서, 빠르게 달리는 자동차를 대상으로, 빠르게 충전하는 문제가 남아 있습니다. 전기차로 중심이 넘어간 후 우리나라에서도 무선충전기술 특허가 폭발적으로 증가하고 있습니다. 2010년에 비해 2019년의 무선충전기술 특허 건수가 4배 이상 증가했다고 합니다. 무선충전기술 관련 특허 세계 1위도 한국의 삼성전자입니다.

그러나 인공지능도 인간의 뇌를 본떠 만든 것입니다. 아예 우리의 뇌가 AI의 도움을 받아 직접 네트워크에 참여한다면, 네트워크의 진정한 주체가 될 것입니다.

빠르고 끊김 없는 네트워크를 위한 6G

기업들은 이미 차세대 통신인 6G로의 이동을 준비하고 있습니다. 클라우드 국가가 현실화되면 기존의 예상을 훨씬 뛰어넘는 방대한 정보통신이 필요할 것입니다.

클라우드 국가의 시민들은 인터넷에 장치를 연결해 가상현실(VR),

> ### ❌ 클라우드 국가를 가능하게 하는 6G 기술
>
> 앞으로 가상현실과 증강현실 서비스뿐만 아니라 3D 홀로그램을 이용한 확장현실(XR) 등 비대면 멀티미디어 서비스가 확산될 것입니다. 6G는 5G 이동통신보다 전송 속도가 50배 빠릅니다.
>
> 동시에 더 많은 기기를 안전하게 연결하는 것이 중요합니다. 바로 기기연결 역량입니다. 전 세계 사물인터넷(IoT) 장치는 2020년 기준 87억 개에서 2030년까지 3배 이상 254억 개로 증가할 것입니다.[10]
>
> 스마트폰을 넘어서 이제는 시계, 안경 등 이식 가능한 장치로 사람의 몸과 디바이스가 연결되어갑니다. 그럴수록 더 많은 기기가 안정적으로 연결되어야 합니다.
>
> 5G는 1평방킬로미터당 100만 개의 장치를 연결하고 데이터 전송이 가능한데, 6G는 1,000만 개의 장치 사용이 가능합니다.[11] 1ms에 불과한 5G의 지연시간을 6G는 10분의 1로 줄일 것입니다. 6G의 안정성도 5G보다 1만 배 높아 끊기지 않고 빠른 연결이 가능해집니다.[12]

증강현실(AR), 더 나아가 확장현실(XR)에서 상호작용할 것입니다. 이 과정에서 클라우드 국가의 가장 중요한 자산인 데이터가 생산됩니다. 보다 많은 기기를 동시에 연결하고 빠르고, 안전한 통신을 지원하는 기술이 필요합니다. 6G 기술은 초연결 시대 클라우드 국가의 핵심 기술이 될 것입니다.

지리적 제약이 없는 6G 위성통신

클라우드 국가가 제대로 작동하기 위해서는 사회의 모든 구성원의 참여가 필요합니다. 클라우드 국가에서는 개인의 목소리와 다양성, 포용성이 중요하기 때문에 사회의 모든 구성원의 인터넷 접속이 보장되어야 합니다. 2021년 1월 기준으로 전 세계 인구의 59.5퍼센트가 인터넷을 사용하고 있습니다.[13] 10년 후면 전 세계 인구 모두 온라인으로 연결될 것입니다. 위성통신 개발은 인터넷 접속 문제를 해결할 수 있습니다. 6G 전문가들이 위성통신을 빼놓지 않고 이야기하는 이유입니다. 위성 인터넷이 바로 지리적 제약이 없기 때문입니다. 기존 인터넷 장비는 지상의 인프라이므로 사막이나 산악, 항공에서 인터넷 접속을 할 수 없습니다. 위성 인터넷을 이용하면 이동통신 인프라가 없는 지역이라도 어디에서든 초고속 인터넷 접속이 가능합니다.[14]

10 https://www.statista.com/statistics/1183457/iot-connected-devices-worldwide/

11 https://www.statista.com/topics/7163/6g/

12 스마트 PC사랑, "차세대 이동통신, 6G에 대해 알아보자", 2021.2.23

13 https://www.statista.com/statistics/617136/digital-population-worldwide/

14 KOTRA, "미국, 한 발 더 가까워진 위성 인터넷 시대", 2021.4.20

6G는 인공위성, 심해, 해양 통신 네트워크와 통합되어 하늘이나 바다에서도 초고속 통신이 가능하도록 해줄 것입니다. 결국 공간의 한계를 넘는 통신이 등장하는 것입니다.

클라우드 국가에서는 네트워크에 대한 신뢰와 안전이 핵심입니다. 6G 기술은 설계 초기 단계부터 보안 문제에 철저히 대비하고 있습니다. 클라우드 국가가 취약할 수밖에 없는 사이버 테러의 위협도 6G 통신으로 대비책을 마련할 수 있습니다. 6G는 더욱 안전한 클라우드 국가를 지원할 것입니다. 클라우드 국가를 움직일 기술들은 차근차근 진화하고 있습니다. 더 안정적이고, 빠르며, 그리고 지구 환경에도 도움이 되는 네트워크가 머지않은 미래에 현실이 될 것입니다.이러한 YoT 경험을 얼마나 쾌적하게, 믿을 수 있게 제공하느냐가 클라우드 국가의 경쟁력이 될 것입니다.

▌6G 시대 초공간 서비스를 위한 위성통신망 구성도

출처: 과학기술정보통신부

☒ 각국의 6G 위성 개발 경쟁

세계 곳곳에서 위성통신 개발에 민간과 정부가 나서고 있습니다.

일론 머스크가 만든 스페이스X의 스타링크는 전 지구적 광대역 통신 서비스를 개발 중이며, 이를 위해 지구 저궤도에 초소형 위성을 배치하고 있습니다. 이미 1,000여 대 이상의 위성을 이용 중이라고 합니다.

영국의 원웹(OneWeb)도 인공위성으로 전 세계 고속 인터넷 서비스 제공을 목표로 하고 있습니다. 중국은 2020년에 세계 최초로 6G 실험 위성을 우주에 발사했습니다.

한국도 위성과 이동통신 결합의 중요성을 인식하고, 미래 이동통신과 초소형 위성 개발을 위해 정부 차원의 대책을 마련하고 있습니다.

호모 이코노미쿠스에서
신인류로의 진화

시장경제 시대의 호모 이코노미쿠스

당신은 적절한 타이밍에 가차없이 '손절'하는 유형인가요? 아니면 미련을 버리지 못해 더 깊은 수렁으로 빠져버리는 유형인가요? 원래 손절은, 더 큰 손실을 막기 위해 지금까지의 손실을 감수하고 자산을 매각한다는 뜻으로 '손절매'를 줄인 투자 용어입니다.

그러나 요즘은 손절이 인간관계에까지 널리 쓰이고 있습니다. 오랜 친구, 애인, 심지어 피를 나눈 형제라도 나를 피곤하게 하거나 속을 썩이면 손절을 선택하곤 합니다. 관계의 대차대조표를 그려보고 앞으로도 내 인생을 피곤하게 할 사람이라면, 그 사람을 위해 내어줬던 돈과 시간은 회수할 수 없는 매몰비용이라고 냉정하게 결단을 내리는 것이죠. 사람을 놓고 이해득실을 따지는 것이 갑작스러운 일은 아닙니다. 인류는 한정된 자원을 놓고 가장 큰 만족을 얻기 위한 선택을 해야만 했습니다. 이처럼 최소의 비용으로 최대의 효용을 구하는 것이 경제적 인간, '호모 이코노미쿠스'입니다.

빵집 주인은 왜 더 맛있는 빵을 만들려고 노력할까요? 정육점 주인은 왜 옆 가게보다 더 싸게 고기를 파는 걸까요? 경제학의 아버지 애덤 스미스는 우리가 저녁 식사를 기대할 수 있는 것은 푸줏간 주인, 양조장 주인, 빵집 주인의 자비심이 아니라 그들의 이기심 때문이라고 설명했습니다. 주류 경제학은 사람들이 한정된 자원을 놓고 경쟁하면서 더 많은 이익을 얻기 위해 합리적 선택을 이어간다고 봤습니다. 여기에 자비심이나 도덕이 끼어들 필요는 없습니다. 시장의 가격이 모든 문제를 해결해주기 때문입니다. 사람들이 자신의 이익에 따라 움직인다면 그 유명한 '보이지 않는 손'이 한정된 자원을 가장 효율적으로 배분해 사회에 유익을 가져옵니다.

시장경제의 발전 속에서 사람들은 자신의 이익을 잘 계산해서 합리적으로 판단해야 한다는 호모 이코노미쿠스적 사고법을 체화했습니다. '그동안 우리가 쌓아온 추억이 얼마인데…'라고 아쉬워하기보다 과감하게 관계를 손절하기로 결정했다면, 당신은 시장경제에 최적으로 진화한 호모 이코노미쿠스일 가능성이 높습니다.

초연결이 싹틔운 협력과 공유의 문화

부동산 전문가들은 "입지, 입지에 주목하라"고 입이 마르도록 강조합니다. 땅의 가치는 복제할 수 없는 한정된 자원이기 때문이죠. 호모 이코노미쿠스의 사고법을 지배하는 세상은 바로 한정된 자원을 놓고 다투는 희소성의 세계입니다. 기회비용을 줄이고 이익을 극대화하려면 정보를 확보하는 일이 매우 중요합니다. 더 많은 정보를 획득할 수 있는 중심을 차지하는 것이 곧 권력 경쟁의 핵심이었습니다. 한마디로 인류의 역사는 네트워크를 확보하기 위한 여정이었습니다.

인터넷의 등장으로 획기적인 상호 연결을 경험하기 시작한 인류는 기술 발전과 함께 세상의 모든 것, 심지어 인간의 감각까지도 치밀하게 연결한 'YoT' 시대를 앞두고 있습니다. 실로 엄청난 데이터들이 생성되고 저장되며, 상호 소통할 수 있는 미래가 펼쳐지는 것입니다. 정보의 비대칭성이 줄어들면 네트워크를 움켜쥐고 있던 권력도 분산될수밖에 없습니다.

에어비앤비와 같은 공유경제 모델에서 우리는 변화될 미래의 실마리를 찾아볼 수 있습니다. 서울에 사는 내가 한 달간 파리를 여행할 때, 같은 기간 서울을 여행하는 파리지앵과 집을 맞바꿔 지낼 수 있다면 얼마나 좋을까 상상했던 일들이 실제로 가능해진 것이죠. 나와 체형이나 취향이 비슷한 친구들과 옷을 바꿔 입고 필요한 때에 원하는 자동차를 바꿔 타는 일들이 모두 가능해지고 있습니다. 에어비앤비와 같은 사업 모델들은 단순하지만 정보의 비대칭성을 줄여 잉여 자원을 낭비 없이 활용하는 게 얼마나 큰 효과를 가져다주는지 잘 보여줍니다.

놀라운 것은 이들 사업이 단순히 자원의 효율적 배분만 가능하게 하는 것이 아니라 경제에 관련한 기존의 사고법에서 벗어나도록 해주는 촉매가 되고 있다는 사실입니다. 이들 사업의 성공에는 독점과 경쟁이 아닌 공유와 협력의 가치가 필요하기 때문입니다. 에어비앤비에서 방을 빌려주는 호스트는 장소를 제공하는 사람이지만, 때로는 여행객과 새로운 경험을 만들기도 합니다. 공급자인 동시에 사용자가 되는 것이지요. 이런 점들이 기존 호텔의 대안을 넘어서는 가능성을 보여줍니다. 단순히 방이 필요해 에어비앤비를 찾는 사용자도 있지만 그 지역 주민과의 친밀한 소통을 기대하며 에어비앤비에 예약하는 사람들도 있습니다. 원래 에어비앤비가 내세우는 사업 철학이 호스트와 여행자와의 친밀한 교감, 여행자가 경험하는 여행지의 주민 커뮤니티와 문화를 바탕으로 합니다. 대형 호텔 체인의 네트워크 안에서 마일리지를 쌓으며 여행을 하던 사람들은 전 세계에 흩어진 호스트의 숫자만큼이나 다양한 경험을 선택할 수 있습니다. 집주인과 여행객의 무수한 조합이 만들어내는 다채로운 경험이 창조되는 것입니다.

이제 막 발걸음을 떼기 시작한 공유경제 모델들은 기술의 발전과 더불어 계속 진화하고 범위를 확장해나갈 것입니다. 초연결 네트워크는 거래 비용을 줄이고 자원을 더 잘게 분산해 더 쉽게 공유할 수 있게 해줍니다. 이제 '입지'를 분석하며 독점적 재산권을 늘리는 데 치중하던 이기적 호모 이코노미쿠스들은 그 멋진 입지를 공유하며 함께 새로운 경험을 만들고 가치를 창출해내는 방법에 더욱 주목하면서 새로운 인간 유형으로 진화해나갈 것입니다.

무한한 시공간을 열어준 메타버스

미국의 유명 래퍼 트레비스 스캇은 코로나19로 주요 도시가 봉쇄됐던 2020년 4월, 게임 플랫폼 '포트나이트'에서 가상 콘서트를 열었습니다. 반응은 폭발적이었습니다. 트레비스 스캇의 대형 아바타가 하늘에서 나타났고, 현실세계에서는 구현해낼 수 없을 정도로 대담하고 화려한 무대가 펼쳐졌습니다. 아무리 '불가능은 없다'는 세상이지만 가상세계가 아니었다면 과연 그런 무대가 가능했을까요? 스캇이 "현실적 제약에 구애받지 않고 상상하는 대로 무대를 꾸밀 수 있어서 좋았다"는 소감을 밝힌 것을 보면, 공연 역사에서 획기적 사건이 분명합니다.

수익 면에서도 대성공을 거뒀습니다. 포트나이트 유저들은 자신의 아바타로 가상 스테이지에서 공연을 관람할 수 있었는데, 5회의 공연에 무려 2,770만 명의 유저가 4,580번 관람한 것으로 기록됐습니다. 공연 수익도 2,000만 달러에 달했습니다. 2019년에 이루어진 공연의 하루 매출 170만 달러와 비교하면 엄청난 성공입니다.

물리적 법칙의 제약을 받는 유니버스(universe) 속에 살던 호모 이코노미쿠스가 무한한 가상의 시공간이 펼쳐지는 메타버스(metaverse)라는 신세계로 이주를 시작했습니다. 유니버스에 '초월(meta)'의 의미가 결합된 메타버스 세계에서는 현실세계에서 촘촘하게 연결된 개인들이 전송하는 데이터들이 상호작용하며 끊임없이 확장되고 있습니다. "진정한 위기는 자원의 부족이 아니라 상상력의 부족"이라는 명언은 듣기 좋은 수사가 아닌 현실이 되고 있습니다. 유한했던 자원들은 가상세계를 통해 비물질화되며 무한성을 얻게 됐습니다. 메타버스는 개인 경험의 범위를 확장하고, 경험을 공유하는 사람들과의 소통을 통해 확장성을 가진 디지털 콘텍스트를 재창조합니다.

홈트레이닝을 예로 들어봅시다. 집에서 혼자 목표를 정해놓고 운동을 하던 사람들이 가상공간에서 함께 운동한다면 무엇이 달라질까요? 유명한 요가 강사를 찾아 전 세계 사람들이 모여들어 함께 요가를 하고, 서로의 동작을 모니터해줍니다. 이전에도 유명인의 피트니스 비디오를 틀어놓고 운동을 할 수는 있었지만, 상호작용은 불가능했습니다. 그러나 메타버스 세계에서는 가능해졌습니다. 뿐만 아니라 사람에게 연결된 센서들은 운동 정보를 모아 새로운 데이터를 만들어냅니다. 나이키가 운영하는 '나이키 플러스 러닝'과 '나이키 트레이닝 클럽', 운동기기 업체 '펠로톤'이 제공하는 비대면 운동 코칭 프로그램은 메타버스의 시범적 활용을 잘 보여줍니다. 트레비스 스캇의 가상 공연이나 나이키의 가상 트레이닝 클럽은 모두 무한한 확장성을 통해 이전에는 상상할 수 없었던 규모의 디지털 콘텐츠를 무수히 생성해낸 대표적 사례입니다.

연결이 만드는 '상호적 인간'

경험이 무한으로 공유되며 새로운 연결을 만들어내기 때문에 누구나 그 공간의 중심, 즉 연결의 중심이 될 수 있습니다. 모두가 연결의 중심이 된다는 것은 권력이 모두에게 분산된다는 의미입니다. 지금까지의 호모 이코노미쿠스는 공간의 중심에 서는 데 많은 제약을 받았기 때문에 연결을 만들어내는 자본에 종속될 수밖에 없었습니다.

조직과 위계를 만들어 역할을 분담했고, 효율을 높이기 위해 생산설비를 건설하고 규모의 경제를 이뤄야 했습니다. 또 시장경제 속에서 가격이 책정되지 않는 일들은 가치를 인정받기 힘들었습니다. 우리가 타인을 위해 행하는 선의는 우리 삶에 주는 보람이 크지만, 시장 경제 속에서는 제대로 가치를 인정받지 못합니다.

연결의 힘이 커지면서 호모 이코노미쿠스는 자본이나 사회 구조에 종속되지 않고도 주체적으로 가치를 만들어내는 힘을 얻습니다. 속담에 "구슬이 서 말이라도 꿰어야 보배"라는 말이 있죠. 과거에는 흩어진 구슬을 찾는 일도 쉽지 않았고, 그 구슬을 꿰는 일도 자본과 네트워크가 부족한 개인들에게는 시도조차 어려운 일이었습니다. 자본, 인력 등 넘어야 할 장벽이 한두 개가 아니었습니다.

그러나 메타버스는 전 세계에 흩어진 발명가나 기업가, 심지어 호기심으로 무언가를 만들어보려는 어린이들에게도 온라인 네트워크 기반 위에서 가치를 수익으로 실현할 수 있는 기회를 줍니다.

최근 인기를 끄는 로블록스에서는 게임을 만들거나 게임 내 아이템을 팔아 상당한 수익을 내는 초등학생도 많습니다. 과거였다면 친구들끼리 작은 낙서장에 그림을 그려주는 것으로 묻히고 말았을 재능이 메타버스를 만나 전 세계 유저들과 소통하며 거래까지 할 수 있는 가치를 만들어내는 것이지요.

'불운한 천재'의 비극도 줄어들 것입니다. 인도 출신의 천재 수학자 스리니바사 라마누잔은 그 재능에도 불구하고 가난한 우편 공무원으로 생계를 이어가야 했습니다. 영국 케임브리지대학 수학 교수인 하디가 수식을 빽빽하게 정리한 라마누잔의 편지를 읽고, 영국으로 그를 초청한 이후에야 라마누잔의 천재성이 비로소 빛을 볼 수 있었습니다. 만약 하디가 편지를 무심코 던져버렸다면 라마누잔은 인류 수학사에 기여하지 못했을지도 모릅니다. 미래학자 피터 디아만디스는 상호 연결성을 높이는 네트워크 기술의 발전으로 천재들이 성이나 계급, 국가, 문화와 같은 장벽에 가로막혀 자신의 재능을 펼칠 수 있는 기회조차 얻지 못한 채 사라지는 비극이 사라질 수 있을 것이라고 강조했습니다.[15]

소비자이자 주체적 생산자로

웹 2.0 시대로 들어서며 사람들은 자신만의 콘텐츠를 네트워크에 올리고 있습니다. 정치인이나 연예인뿐 아니라 일반인도 자신의 일상을 블로그나 페이스북 등의 SNS에 소개합니다. 세계 각지의 크리에이터들은 유튜브 채널로 영상을 만들어 수익을 창출합니다. 흔히 말하는 UGC(User Generated Contents)가 넘쳐납니다.

그러나 크리에이터들이 갖는 거버넌스는 제한적입니다. 비유하자면 크리에이터들은 페이스북이나 유튜브라는 대지주가 제공하는 생산 수단을 활용해 농사를 짓고, 그 소출의 상당 부분은 임대료로 냅니다. 또 각각의 플랫폼에서 일궈낸 활동이나 축적한 정보들은 파편화되어 있어서 개별 플랫폼에 종속되는 결과를 가져오기도 했습니다. 한때 잘나가던 유튜버가 회사 측의 알고리즘 변화나 정책 개편에 따라 연결망이 위축되어 사라진 사례들도 있습니다.

메타버스의 발전은 파편화되어 있던 활동들을 축적해 가치를 생성하는 힘을 줍니다. 개인이 만들어내던 콘텐츠는 커뮤니티 내의 상호

---

15 Diamandis, P. and Kotler, S.(2020), Peter Diamandis and Steven Kotler(2020), *The future is faster than you think*, Simon & Schuster, New York.

작용과 참여를 통해 새로운 콘텐츠로 진화하는 동력을 얻습니다. 과거에는 소수의 정치인이나 스타 연예인이 매스컴을 통해 영향력을 행사하고 이들이 콘텐츠 생산을 주도했습니다.

그러나 이제는 추구하는 가치가 유사한 사람들이 서로를 쉽게 발견하고, 그 가치를 중심으로 공동체를 형성하여, 새로운 콘텐츠를 생산해냅니다. 콘텐츠의 소비자가 생산자가 되고, 콘텐츠가 새로운 콘텐츠를 스스로 생산해내는 시대가 열리는 것입니다.

증강현실과 다중경험이 확대된 메타버스에서는 고용자와 피고용자, 자본가와 노동자의 관계를 설정했던 전제가 달라집니다. 초연결의 중심이 될 수 있는 개인들은 1인 메이커나 1인 인플루언서로서 경제적 자율성을 누릴 수 있습니다. 이들에게 일은 단순한 생계를 넘어 자신의 라이프사이클을 확장해나가는 도구가 됩니다. 경제적 이득을 위해 움직였던 호모 이코노미쿠스들은 함께 일하는 사람들로부터 받는 인정, 탁월한 사람들과의 협업, 자신과 가치를 공유하는 디지털 트라이브와 만들어가는 경험과 가치에 따라 움직입니다.

거래 확장성을 높인 블록체인과 NFT

경험들이 경제 시스템 안에서 거래되려면 신뢰성을 확보해야 합니다. 여기에 메타버스의 재화들이 거래될 수 있는 경제 시스템을 구현하고, 현실 경제와 연결해주는 것이 블록체인입니다. 블록체인은 그동안 정보 비대칭성과 거래 신뢰성 문제를 해결하기 위해 고비용의 중개인을 두거나 복잡한 법률적 제도를 부가해야 했던 경제 시스템을 획기적으로 바꿔놓고 있습니다. 예를 들어, 우리가 해외로 송금을 할 때, 금융기관에 상당한 수수료를 내야 했지만, 블록체인을 이용하면 수수료가 훨씬 저렴합니다. 거래가 더 쉽고 안전하기까지 합니다. 또 물건의 이력도 블록체인의 보증으로 확인할 수 있습니다. 지금 구매하려는 운동화가 개발도상국 어린이의 노동으로 만들어진 것인지, 또 지금 마시는 커피를 만드는 데 정당한 가격의 원두가 사용되었는지를 정확하게 알 수 있을 것입니다.

그동안 디지털 세계에서 창작물은 무한 복제될 수 있기에 희소성이 없었습니다. 그러나 NFT는 특정 콘텐츠의 소유권 이력이나 생성 일시 등 고유 정보를 블록체인 데이터로 저장하고, 콘텐츠 원본을 보호하는 분산저장 시스템에 보관합니다. 이를 통해 메타버스 속 재화는 '희소성'을 인정받게 됩니다.

미국의 블록체인 기업 인젝티브프로토콜은 뱅크시의 작품 '멍청이 (Morons)'를 태우고 그 작품을 NFT로 만들어 228.69ETH(당시 거래가격 기준 약 4억 3,000만 원)에 판매했습니다. 왜 원본을 태웠을까요? 원본이 존재한다면 디지털 작품의 가격은 그보다 낮을 수밖에 없겠죠. 원본은 사라졌지만 NFT로 디지털 작품은 그 유일성을 인정받게 된 것입니다.

NFT는 메타버스를 현실과 연결해주는 고리이며, 메타버스의 경제체제가 무너지지 않도록 지탱해주는 신뢰 기반이 됩니다. 예를 들어, 게임 유저들은 더 좋은 아이템을 얻기 위해 현실세계의 돈을 쓰거나 오랜 시간을 들여 게임을 합니다. 그렇게 어렵게 얻은 아이템이 게임회사의 정책 변경으로 가치가 떨어진다면 어떤 기분이 들까요? 실제로 게임시장에서 '확률형 아이템'에 대한 논란이 끊임없이 제기되어

온 것도 같은 이유입니다. 게임 유저들은 게임 회사가 확률을 몰래 조정한다고 의심했고, 실제 조작 사례들이 드러나기도 했습니다.

만약 하나의 게임이 아닌 더 큰 조작 가능성이 끊임없이 제기된다면 경제 시스템이 제대로 운영될 수 있을까요? 블록체인으로 디지털 콘텐츠의 희소성을 보장받고 소유권을 인정받을 수 있기에 상품으로 거래를 할 수 있는 것입니다. 블록체인 기술은 메타버스 경제를 확장하는 기반입니다. 그동안 게임 플레이어들은 아무리 열심히 아이템을 키워도 해당 게임 플랫폼 밖에서는 그 가치를 제대로 인정받기 어려웠습니다.

하지만 아이템이 NFT로 전환되면 게임 외부에서도 거래할 수 있습니다. 이렇게 가상세계와 현실세계의 경제가 연결되는 것입니다. 이 밖에도 재화를 n분의 1로 나눠 부분에 대한 소유권을 인정받기도 쉽습니다. 재화를 쪼개어 거래하기 수월해지는 것입니다. NFT가 바꿔 놓을 경제 시스템의 혁신은 결국 호모 이코노미쿠스의 사고 체계를 근본적으로 바꿔놓을 것입니다.

지능의 확장, 집단의 합리성이 가능해진다

전통 경제학이 바라보는 호모 이코노미쿠스는 완전히 합리적으로 자신의 이익을 극대화하는 결정을 내립니다. 하지만 우리 인간이 늘 그렇게 합리적이던가요? 많은 일들이 습관이나 본능, 충동에 따라 결정되곤 합니다. 자기 통제력도 약해서 나쁜 결과가 뻔히 보이는 잘못된 선택을 하곤 합니다. 그러나 수많은 사람의 일상과 생각이 연결되고 이 모든 것이 클라우드에 업로드된다면 어떤 변화가 있을까요? 단순한 경험의 확장을 넘어 지능의 확장도 가능할 수 있습니다.

두뇌를 컴퓨터에 업로드하는 BCI(Brain Computer Interface, 뇌-컴퓨터 인터페이스) 기술은 인류가 집단으로 생각을 하는 신세계를 창조해낼 것으로 기대됩니다. 마치 세계 곳곳의 컴퓨터들이 월드와이드웹(WWW)으로 연결돼 인터넷이라는 새로운 우주를 탄생시킨 것과 같지요. 인간 개개인이 클라우드에 연결되어 온라인과 오프라인의 경계를 넘어 서로의 생각과 감정, 경험에 접근하며 함께 진화해나갈 것입니다.

우리 몸은 발끝의 작은 상처로도 몸살을 앓을 수 있습니다. 클라우드 국가에서도 개개인들이 마치 우리 몸의 신경망처럼 네트워크로 연결되어 시공간을 넘나들며 타인의 몸과 두뇌에 접근하고 영향을 받게됩니다. 텔레파시라는 것이 초능력자의 전유물이 아니라 보편적 현상으로 받아들여질 것입니다. 다수의 개체가 하나의 지능으로 작동하는 하이브 마인드(hive mind)도 허황된 이야기는 아닐 것입니다. 메타버스를 통한 경험 확장과 클라우드로 응집된 집단 지능은, 합리적인 척했지만 사실은 약한 갈대처럼 흔들리던 호모 이코노미쿠스가 완전한 합리성으로 무장하도록 도와줄 것입니다.

아바타와 '부캐'의 확장, 디지털 휴먼

그렇다면 메타버스 시대의 호모 이코노미쿠스는 동일한 정체성을 보여주는 인물일까요? 현실세계의 인간은 유일한 개체로 존재하지만 메타버스 세계에서의 인간은 전혀 다른 정체성을 보이며 상호작용을 맺을 수 있습니다. 각자 추구하는 가치에 따라 아바타를 설정하고 다양한 트라이브에서 활동할 수 있습니다. 다양한 아바타로서의 경험은 다시 클라우드에 업로드됩니다. 아바타를 통해 인간의 경험 속도는 빨라지고, 클라우드에서의 상호작용으로 인간의 진화 속도도 높아지게 됩니다.

한발 더 나아가 우리는 현실세계에는 존재하지 않는 가상의 디지털 휴먼과도 함께 일하고, 즐기고, 도움을 받으며 살아갈 수 있습니다. 이미 인스타그램에는 현실에 존재하지 않는 디지털 휴먼들이 인플루언서로 막강한 영향력을 보여주고 있습니다. 이들이 입는 옷은 패션 트렌드가 되며, 전통적인 명품 업체들은 디지털 휴먼 인플루언서들에게 협찬을 합니다. 이들이 가상세계에서 입은 옷은 가상공간을 넘어 현실세계의 패션 산업에도 영향을 주는 확장성을 보여줍니다.

이미 디지털 휴먼을 제작하는 기술은 대중화되고 있습니다. 누구나 자신이 원하는 디지털 휴먼을 만들어낼 수 있는 시대가 가까이 다가온 것입니다. 인공지능 기술을 접목한 디지털 휴먼들은 다양한 분야에서 인간처럼 활동할 것입니다. 1인 메이커가 디지털 휴먼을 개인 비서나 세무사로 두고 업무에 필요한 도움을 받는 모습을 상상해볼 수 있겠지요.

경제적 이익을 위해 경쟁하던 이기적인 호모 이코노미쿠스. 이들은 메타버스와 결합한 초연결 네트워크 국가에서 어떤 인간으로 진화해 나갈까요? 인류는 충분한 자율성을 가진 개인들이 모여 확장된 지능으로 공존하는 국가로의 여정을 시작했습니다.

디지털 노마드
-변두리의 삶을 택한 괴짜들

 〈보통의 밀레니얼이 직장을 대하는 태도〉
 - 흔한 95년생은 이렇게 생각해요

제가 반도의 모든 밀레니얼을 대변할 수 있는 것은 아니지만, 제가 살고 생각하는 방식을 두고 많은 분들이 "정말 밀레니얼스럽다(=이해할 수 없다)"고 많이 말씀해주셨기에, 제가 직장을 다니는 마인드를 솔직하게 공유하고자 합니다.

1. 승진에 열 올리기보다는 저는 그냥 일을 덜 하고 싶어요.
  솔직히 남들보다 매일 한두 시간 더 일하면 승진, 당연히 하겠죠. 그렇지만 그 시간만큼 저는 다른 가치 있는 일에 쓰고 싶어요. 이를테면 연애라든지, 요리라든지, 운동이라든지, 제가 즐기는 무언가를요. 승진하면 더 바빠지잖아요. 지금도 지금대로 좋은걸요.

2. 직장에서 일 열심히 한다고 누가 알아주나요. 즐기기나 하자고요.

직장에서 일 열심히 한다고 월급이 올라봤자 1년에 10퍼센트 오르면 정~말 많이 오른 거죠. 월에 몇십만 원 더 받자고 매일 한두 시간씩 내 시간을 포기하는 건 말도 안 돼요. 부장 달면 뭐할 건데요. 내 가족이, 애인이 내가 바빠지는 걸 과연 좋아할까요.

3. 어차피 월급으로는 강남의 아파트 못 사는 거 알잖아요? 사이드 프로 젝트해야죠.

그렇게 죽어라 월급 올려봐야 10년 차 삼성전자 직원도 끽해야 연봉 1억 넘게 받는 거. 그걸로 뭐하려고요? 나이가 들어갈수록 들어갈 돈은 많 아지고, 즐길 수 있는 시간과 체력은 점점 적어지죠. 직장에 목숨 거는 순간, 아마도 40대에 잘려서 서울 외곽의 전세 하나 및 변변찮은 자동 차 하나, 약해지는 몸뚱이와 함께 무직의 늪에 떨어지겠죠. 성공하려 면 무조건 일찍부터 사업이나 투자로 돈을 벌어야만 해요.

4. 직장에서는 나는 그저 직원 한 명에 불과하지만, 직장 밖에서 나는 작 가이고, 창업가이고, 하나로 정의할 수 없는 '나'라는 브랜드예요.

직장에서 열심히 셀프 브랜딩해봐야, 월급 조금 오르는 게 끝이거든 요. 수지타산이 안 맞죠. 그 시간에 링크드인, 브런치, 유튜브에 콘텐 츠 올리고 팬을 만들면 그 누구도 빼앗지 못하는 나만의 아이덴티티가 생기는걸요. 내 목소리를 내고, 같은 생각을 가진 사람들과 연결되는 것. 이거야말로 자아실현이고 귀중한 가치 아닐까요?

5. 진짜 인간관계는 직장 밖에서. 원격근무야말로 내가 사랑하는 사람들 과 많은 시간을 보낼 수 있는 최고의 방법이에요.

저는 그래서 원격근무 신봉자예요. 내가 좋아하는 곳에서, 좋아하는 사람들과, 원할 때 일할 수 있다는 것. 나는 다시는 사무실로 돌아가지 않을 거예요.

한 밀레니얼 리모트워커의 글이 링크드인에서 화제가 되었습니다. 사무실에 머무는 직장생활보다는 원격근무를 하며 자신의 브랜드 가치를 높이는 걸 더 가치 있게 여긴다는 내용입니다.

해당 글은 1,400개가 넘는 추천을 받고 110여 개의 댓글이 달렸습니다. 평범한 개인의 콘텐츠가 주목을 얻기 힘든 플랫폼인 링크드인에서 이례적인 반응입니다.

댓글의 반응은 둘로 갈립니다. 노마드의 삶을 살고 싶다는 밀레니얼 세대의 지지와, 그런 생각을 하는 젊은 직원을 신뢰할 수 없다는 관리자급 시니어들의 반발입니다. 확실한 건 팬데믹이 가져온 다양한 충격으로 인해 디지털 노마드가 현실 가능한 라이프스타일로 떠올랐다는 것입니다. 미국에서는 팬데믹이 완화되어 기업이 사무실 출근을 요구하자 차라리 이직을 하겠다는 직원의 응답이 늘고 있습니다.[16] 새로운 트렌드가 기성세대와 충돌하는 모습입니다.

보헤미안부터 디지털 노마드까지

이 자유로운 영혼의 역사는 어디서부터 시작되었을까요? 연세대학 국제학대학원 모종린 교수는 서구 라이프스타일의 역사가 부르주아→보헤미안→히피→보보→힙스터→노마드 순으로 이어졌다고 분석합니다. 우리는 그중 보헤미안과 히피, 힙스터가 디지털 노마드에 직접적인 영향을 미쳤다고 봅니다.

---

16 https://news.joins.com/article/24094637

⊠ 보헤미안

프랑스 사람들이 체코 보헤미아 지방에서 온 집시를 보헤미안이라고 부른 데서 유래했습니다. 19세기 초 파리에서 부르주아의 물질주의에 대한 저항으로 보헤미안 운동이 시작되었으나, 1930년대 전체주의 광풍에 자취를 감췄습니다. 보헤미안은 20세기에 들어와 대중문화 산업을 장악했습니다. 오늘날 자유분방하고 예술적 기질을 가진 사람을 칭하는 말이 되었습니다.

히피

1960년대 미국 샌프란시스코에서 활동하며 탈물질, 반문화 운동을 벌인 청년들을 일컫는 말입니다. 주로 장발에 기타를 메고 몰려다니며 마약을 하는 젊은이들로 묘사되곤 합니다. 히피는 크게 3가지 축으로 움직였는데, (1)반전·평화를 내세운 정치운동, (2)신비주의·쾌락주의, (3)친환경·자급자족입니다. 특히 세 번째 친환경·자급자족의 히피 문화가 오늘날 미국 주류의 라이프스타일에 영향을 미쳤다고 평가받습니다.

힙스터

1940년대 비주류였던 흑인 재즈음악 마니아를 힙스터라고 불렀습니다. 이들은 주류 문화에 반대해 고립을 자처하며 하위 문화를 형성했습니다. 1990년대 말~2000년대에 미국 브루클린과 포틀랜드처럼 도시 중심에서 다소 떨어진 곳에 힙스터가 만든 그들만의 로컬 문화가 싹텄습니다. 지금의 힙스터는 주류와 구분되는 마이너한 취향을 향유하는 사람들을 가리킵니다.

디지털 노마드

디지털 기술을 활용해 시간과 장소에 구애받지 않고 살아가는 사람들을 의미하는 용어입니다. 첨단 디지털 장비를 구비한 젊은이들이 한 공간에 머물지 않고 옮겨 다니며 일하는 방식이 마치 유목민의 모습을 연상시킨다고 하여 붙여진 이름입니다. 디지털 기술이 급속도로 발전하면서 등장한 새로운 라이프스타일입니다.

가난한 예술가로 시작한 보헤미안은 콘텐츠의 시대를 타고 1인 크리에이터가 되었습니다. 초기 디지털 노마드는 보헤미안의 자유분방한 정신을 계승해 다분히 예술가적 기질을 가진 인플루언서 역할을 했습니다. 자연주의 저항운동으로 시작한 히피는 친환경, 비건 등의 문화를 오늘날 주류로 만들었습니다. 히피는 테크 산업에서도 그들의 개인주의 정신을 불어넣었는데, 개인용 PC와 스마트폰을 만든 스티브 잡스가 대표적인 히피입니다. 많은 디지털 노마드가 히피 기업의 고향 실리콘밸리 출신이기도 하고, 동시에 그 테크 기술을 가장 잘 활용하는 열렬한 지지자이기도 합니다.

힙스터는 히피와 마찬가지로 탈물질주의 저항 문화를 지향합니다. 그러나 힙스터는 개인 취향에 더 집중했고, 중심부에서 로컬로 이동해 소위 취향을 저격하는 오프라인 공간을 만들어 로컬 커뮤니티 문화를 만들어내고 있습니다. 디지털 노마드들이 로컬 카페나 코워킹 스페이스를 돌아다니며 활동하는 모습이 힙스터 문화의 유산입니다.

디지털 노마드 라이프스타일의 진화

최근 리모트워크가 대세가 되긴 했지만, 디지털 노마드는 흔치 않은 라이프스타일입니다. '디지털 노마드'라는 말은 1997년 츠기오 마키모토와 데이비드 매너스가 처음 사용했습니다.[17] 20여 년이 지난 지금까지도 디지털 노마드족은 괴짜라는 이미지를 달고 있습니다. 하지

---

17   https://www.wiley.com/en-us/Digital+Nomad-p-9780471974994

만 한 가지 분명한 건 디지털 노마드라는 변두리의 삶이 계속 반복되며 진화하고 있다는 것입니다.

디지털 노마드 웨이브는 크게 세 시기로 나눌 수 있습니다. 첫 번째 웨이브(2000년대 후반)의 대표적 사건은 2007년에 출간된 팀 페리스의 책 《나는 4시간만 일한다》의 등장입니다. 그는 아웃소싱과 디지털 툴을 활용해 여행지에서 4시간만 일하고도 훨씬 높은 수익을 올리는 방법을 소개합니다. 첫 번째 웨이브는 디지털 노마드라는 혁명적인 삶을 실천한 소수 셀럽이 전통적 방식인 출판을 통해 이 라이프스타일을 알렸습니다.

두 번째 웨이브(2010년대 초중반)는 팀 페리스 키즈의 전성시대입니다. 그의 삶에 감명받은 이들이 치앙마이, 발리에서 노마드의 삶을 살며 디지털 노마드 라이프를 블로그에 옮겼습니다. 노마딕 맷(Nomadic Matt) 같은 유명 블로거가 등장해 자신의 세계여행을 중계했습니다.[18] 미디어의 중심이 블로그에서 SNS로 옮겨가며 세계여행자의 팬은 더 늘었습니다. 멋진 여행 사진과 정보를 SNS에 올려 디지털 노마드에 대한 환상을 한껏 부풀렸습니다.

세 번째 웨이브(2010년대 중후반)에는 프리랜서가 대거 등장했습니다. 두 번째 웨이브의 영향을 받아 실제로 디지털 노마드로 사는 디자이너, 트레이더, 작가, 온라인 셀러 등 프리랜서가 늘어났습니다. 플랫폼 노동이 보편화되면서 나타난 현상이기도 합니다. 이들을 위한 커뮤니티를 만드는 것도 디지털 노마드의 새로운 비즈니스이자 문화가 되었습

---

18 https://www.nomadicmatt.com/

니다. 크루를 모아 이곳저곳을 함께 돌며 디지털 노마드 체험을 하고, 협업을 하며 새로운 비즈니스를 론칭하기도 했습니다. 이들이 머물고 일할 수 있는 코워킹 스페이스가 폭발적으로 증가한 시기이기도 합니다.[19]

불과 몇 년 전까지만 해도 디지털 노마드로 사는 건 특별한 능력을 가진 소프트웨어 개발자나 프리랜서만 가능한 일이었습니다. 오토매틱이나 깃허브, 버퍼같이 원격근무를 기본으로 하는 글로벌 기업이 있긴 하지만, 소수에 불과했기 때문입니다. 하지만 팬데믹을 기점으로 디지털 노마드의 새로운 웨이브가 등장했습니다.

우리는 디지털 노마드의 네 번째 웨이브(2020년대)가 기업에서 정규직 풀타임으로 일하는 디지털 노마드의 시대를 이끌 것으로 전망합니다. 이 네 번째 웨이브에 진입하는 강력한 시그널도 등장하고 있습니다. 〈하버드비즈니스리뷰〉의 설문조사에 따르면, 근로자의 81퍼센트가 사무실 복귀를 원치 않거나 재택근무와 사무실 출근을 병행하고 싶다"고 답했습니다.[20] 한 번 시작된 기업의 원격근무 문화는 쉽게 사그라들지 않을 것이고, 디지털 노마드의 수는 더욱 증가할 것입니다.

변두리의 삶을 택한 괴짜들

팀 페리스는 디지털 노마드의 선구자입니다. 실리콘밸리의 회사에

---

19 https://wifitribe.co/blog/the-digital-nomad-movement/

20 국민일보, "'재택 끝, 사무실 가느니 그만 둘래'…美 '대량사직' 사태", 2021.7.1. http://news.kmib.co.kr/article/view.asp?arcid=0924198754&code=11141400&cp=nv

서는 과로를, 창업한 회사에서는 번아웃을 경험한 그는 새로운 전략으로 새로운 노마드 라이프스타일을 창조합니다. 여행하며 하루 4시간만 일하고도 한 달에 4만 달러를 벌 수 있다는 것입니다. 나머지 시간은 오로지 자신을 위해 사용합니다. 그는 파레토 법칙을 강조하며 가장 중요한 20퍼센트의 일에만 집중하고, 나머지 80퍼센트의 자질구레한 일은 아웃소싱을 활용합니다. 이를테면, 인도의 원격비서를 채용하는 것입니다. 이 역시 플랫폼과 디지털 기술이 발전했기에 가능한 일입니다.

디지털 노마드를 직접 취재하면서 자신도 노마드의 삶을 사는 한국인이 있습니다. 다큐멘터리 감독 도유진입니다. 그는 한국에서는 유년 시절을, 중국에서는 대학 생활을, 미국에서는 직장 생활을 시작한 밀레니얼 세대입니다. 원격근무를 시행하는 미국 회사에서 일하면서 여행도 다니고 그 여정에서 다양한 디지털 노마드들을 만난 뒤 굳이 회사에 나가지 않아도 일을 할 수 있다는 걸 경험했다고 합니다. 2015년부터 디지털 노마드 라이프를 다룬 다큐멘터리 제작을 시작했고 10개국, 25개 도시를 돌며 디지털 노마드의 삶을 인터뷰했습니다. 그 결과가 원격근무를 다룬 최초의 다큐멘터리 〈원 웨이 티켓(One Way Ticekt)〉입니다.[21] 놀라운 건 이 다큐멘터리도 원격 협업으로 완성했다는 것입니다. 도 감독이 촬영한 건 전체의 60~70퍼센트이고, 나머지는 다른 도시에 있는 협업자들이 촬영했습니다. 후반기 작업 역시 각각 다른 도시에서 화상회의로 소통하며 완성했습니다. 제작에 참여한 스태프

---

21 다큐멘터리 예고편 영상. https://youtu.be/XXMnKEKPj3A

중 대다수가 실제로는 한 번도 만난 적 없는 사이라고 합니다.

처음부터 원격근무를 시작한 기업도 있습니다. 2005년 설립된 오토매틱은 워드프레스라는 웹사이트 제작, 관리 소프트웨어를 만드는 글로벌 기업입니다. 전 세계 웹사이트의 40퍼센트가 워드프레스로 만들어졌습니다. 창업자 매트 뮬렌웨그와 공동 창업자 마이크 리틀은 각각 미국과 영국에 살면서 온라인으로 사업을 시작했습니다. 회사를 설립한 뒤에도 오토매틱은 원격근무 시스템을 이어나가고 있습니다.

지금도 600명이 넘는 직원들은 전 세계에 흩어져 일하는데, 업무 만족도가 매우 높아서 2013년 기준으로 자발적 퇴사자는 창립 이래 10명밖에 되지 않는다고 합니다. CEO인 뮬렌웨그는 분산근무를 채택하면 전 세계의 인재를 채용할 수 있는 장점이 있다고 말합니다. 오토매틱은 디지털 노마드 사이에서 꿈의 직장으로 불립니다.[22]

▌ 오토매틱 창업자 매트 뮬렌웨그 인터뷰 장면

출처: https://youtu.be/x6flseKzzH0

---

22 도유진, 《디지털 노마드》, 남해의봄날, 2017, pp.51~59.

글로벌 기업에서 풀타임으로 원격근무를 하는 디지털 노마드의 네 번째 웨이브를 대표하는 주인공이 있습니다. 바로 서두에서 인용한 〈보통의 밀레니얼이 직장을 대하는 태도〉를 쓴 '노마드정'입니다. 온라인에서 노마드정이라는 닉네임으로 활동하는 그는 한국의 명문대를 자퇴하고 두 번의 창업과 네 번의 취업을 경험합니다.

한국 회사에서 일하다 번아웃을 겪은 후, 리모트 잡의 문을 두드려 실리콘밸리 IT 기업에 취직한 그는 현재 본업뿐 아니라, 사이드 프로젝트도 꾸준히 하면서 자신의 브랜드 가치를 높이고 있습니다. 코딩 없이 웹사이트를 만들고 서비스 운영 방법을 가르치는 것이 그의 대표적인 프로젝트입니다. 디지털 노마드가 되는 과정을 솔직하게 적은 그의 글은 온라인에서 많은 호응을 얻고 있습니다.[23]

클라우드 국가 시민으로의 가능성

미래학자 에이미 웹은 위대한 혁신은 변두리(fringe)에서 시작한다고 강조합니다. 처음에는 다소 이상해 보이는 기술이나 트렌드가 변두리에서 계속 반복되고, 이것이 결국 중심부로 수용된다는 것입니다. 미래를 보기 위해서는 변두리에서 반복되는 시그널을 캐치해야 합니다.

몇 년 전만 해도 디지털 노마드는 특별한 사람들의 라이프스타일이었습니다. 그런데 팬데믹이라는 예상치 못한 사건이 터지면서, 디지털 노마드는 변두리에서 중심부로 점차 이동하기 시작합니다.

---

23 https://brunch.co.kr/@nomadinseoul#info

보수적인 한국 대기업도 재택근무를 적극적으로 도입했습니다. 아마 팬데믹 이전부터 재택근무에 관심을 가졌던 분들이라면, 한국 기업에서 재택근무가 가능해질 거라고는 상상도 못했을 것입니다. 우리는 디지털 노마드의 네 번째 웨이브, 즉 원격근무를 하는 풀타임 노동자가 증가하면 디지털 노마드 라이프스타일이 더 보편화될 것이라고 전망합니다.

노마드의 핵심은 이동입니다. 그런데 오늘날의 디지털 노마드는 디지털 기술을 그 누구보다 잘 활용해 초연결 기술의 최전선에 있는 종족이 되었습니다. 과거 유목민이 무리를 지어 이동했다면, 초연결 시대에는 혼자 이동하는 것이 가능합니다. 꼭 물리적 이동만을 말하는 게 아닙니다. 커뮤니티, 플랫폼, 참여하는 프로젝트, 사용하는 온라인 툴 등 디지털 세계를 자유롭게 이동합니다. 즉, 각자가 하나의 노드가 되어 어떤 네트워크에 참여하기도 하고, 또 이동하기도 하면서 매우 유연하게 활동합니다.

역설적으로 말하면, 디지털 노마드는 혼자 이동하는 동시에 무리를 지어 이동합니다. 우리는 이들을 '디지털 트라이브'라고 부릅니다. 세 번째 노마드 웨이브 시기에 각지의 코워킹 스페이스를 베이스로 삼아 몇몇 노마드들이 무리를 지어 이동하며 활동하기도 했습니다. 그 안에서 뜻이 맞는 사람들끼리 함께 프로젝트를 실행하고, 다시 흩어지기도 하는 등 디지털 트라이브의 모습을 보였습니다. 다양한 백그라운드의 사람들이 디지털 노마드 철학을 가지고 만나니 더 글로벌한 협력과 연대가 가능합니다. 적어도 노마드 모드로 전환할 때만큼은 조국이나 체류국보다 디지털 노마드 커뮤니티가 이들에게 더 중요합니다. 고향을 떠나온 소극적 시민일지 몰라도, 이 커뮤니티 안에서는 하나하나가 적극적인 노드로 활동하는 경향이 있습니다.

블록체인의 기본 원리를 생각해봅시다. 블록체인은 중앙통제장치가 없습니다. 블록체인에 참여한 각 개인, 노드들의 네트워크가 시스템을 유지합니다. 따라서 한 노드가 다른 노드를 지배하는 일은 시스템상 있을 수 없습니다. 이름대로 체인으로 끈끈하게 연결되어 있으면서도 동시에 노드가 가장 자유로운 상태입니다. 지배가 없는 블록체인 시스템에서 노드는 자발적으로 활발하게 참여하고, 그것이 시스템을 더 강화하는 선순환을 일으킵니다.

그런데 디지털 노마드가 미래의 혁신을 주도할 수 있을까요? 히피의 슈퍼스타 스티브 잡스도 히피 문화가 중심부로 수용된 후 등장했다는 것을 기억해야 합니다. 이제 막 나타난 디지털 노마드도 주류에 편입하면 폭발적인 혁신 잠재력을 보일 것입니다. 사실 최근의 플랫폼 경제라는 혁신은 디지털 노마드 정신으로 태어났고, 디지털 노마드족이 키웠습니다. 플랫폼은 사람 없이 돌아가지 않습니다. 디지털 노마드는 생산자인 동시에 소비자로 플랫폼에 참여해왔습니다.

이제 그들의 라이프스타일에 플랫폼은 없어서는 안 되는 요소입니다. 아직 플랫폼이 중앙집중적일 수밖에 없다는 게 문제로 지적되기는 하지만 그래서 플랫폼을 탈중앙화할 수 있는 블록체인 기술에 디지털 노마드가 유독 관심을 갖는 것입니다. 이런 고민이 다음 단계의 플랫폼 혁명을 가져올지 모릅니다.

네 번째 웨이브는 디지털 노마드의 대중화를 앞당길 것입니다. 현실의 국경이든 가상세계이든 자유롭게 이동하는 디지털 노마드가 많아지면, 분명 정부와 정치, 국제 관계도 변화시킬 것입니다. 디지털 노마드의 성지라 불리는 치앙마이와 발리는 이미 디지털 노마드족과 공생하는 독특한 유형의 도시로 진화하고 있습니다.

팬데믹이 장기화되자 포르투갈은 노마드 비자를 발급해 디지털 노마드족을 적극적으로 유혹하고 있습니다. 에스토니아는 일찍이 e레지던시(e-Residency), 즉 전자영주권을 발행했습니다. 앞으로 더 많은 사람이 디지털 노마드의 삶을 선택하고, 현실의 국경과 가상세계를 마음껏 넘나들 것입니다. 우리는 이 현상이 클라우드 국가로 이행하는 강력한 시그널이라고 생각합니다.

클라우드 국가를 만드는 플라이휠, 디지털 노마드

디지털 노마드는 클라우드 국가의 주역이 될 것입니다. 앞에서 클라우드 국가는 네트워크 국가라고 정의했습니다. 개인이 네트워크의 생산자이자 소비자인 동시에 의사결정자가 되는 것입니다. 디지털 노마드는 평등한 네트워크 관계를 선호하는 사람들입니다. 그래서 이들에게 권위는 중요하지 않으며 합리적인 관계와 판단을 따릅니다. 그렇게 더 나은 시스템과 혁신적인 모델로 빠르고 유연하게 이동하는 것이 일상인 사람들입니다.

개인의 가치를 중요시하는 디지털 노마드의 성격은 클라우드 국가의 이상과 일치합니다. 디지털 노마드는 클라우드 국가의 시민으로서 적극적으로 개인의 목소리를 내고, 클라우드 국가는 이들의 의견을 수렴해 더 자유롭고 유연한 사회를 만들 수 있습니다. 이 관계는 마치

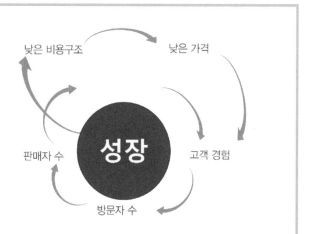

플라이휠은 엔진에 연결된 회전 기계장치입니다. 한 번 돌아가면 관성에 따라 계속 회전하는 성질을 가집니다. 아마존 창업자 제프 베조스는 위의 그림과 같은 플라이휠을 아마존의 비즈니스 모델로 삼았습니다. 낮은 가격에 많은 제품을 제공하면 고객경험이 개선되고, 그에 따라 아마존을 찾는 고객과 판매자 수가 더 늘어납니다.

그러면 비용구조를 더 낮추고 제품 수를 계속해서 늘릴 수 있겠죠. 아마존의 플라이휠은 기업의 선순환 성장 과정을 보여주는 대표적인 모델입니다.

플라이휠(flywheel)처럼 지속적인 선순환 작용을 할 것입니다. 디지털 노마드족과 클라우드 국가는 디지털 창세기의 새로운 사회계약 주체가 될 것입니다.

디지털 노마드는 전통 국가가 클라우드 국가로 전환하는 데 촉매 역할을 할 것입니다. 정착민이 대다수인 전통 국가는 혁신 동력이 부족합니다. 국가 입장에서는 언제 떠날지 모르는 디지털 노마드가 미덥지 않을 수도 있겠지만 세계적인 저성장 시대에 디지털 노마드의 유입은 거의 유일한 혁신 동력입니다. 이 역시 플라이휠 모델을 따라 '디지털 노마드 유입→혁신 동력→클라우드 국가 성장'이라는 선순환을 일으킬 것입니다. 따라서 디지털 노마드는 클라우드 사회를 유연하게 만드는 데도, 클라우드 국가의 혁신을 이끄는 데도 필수적인 요소입니다.

디지털 기술과 가상세계에 대한 익숙함을 넘어, 블록체인 커뮤니티는 이제 가상 경제를 창조해냈습니다. 디지털 노마드는 그들이 이동하는 국가에 가상 경제의 제약을 풀라고 요구할 뿐 아니라, 그 나라의 가상 경제를 더 발전시킬 것입니다. 만약 이를 제한하는 국가라면, 디지털 노마드의 선택을 받지 못해 가상 경제라는 신세기 금광을 캐지 못하겠지요.

이처럼 클라우드 국가로 전환하지 않으면 디지털 노마드의 외면을 받아 도태될 것입니다. 디지털 노마드는 이동성을 무기로 언제든 떠날 수 있으니까요. 물론, 디지털 노마드는 어차피 끊임없이 방랑합니다. 하지만 디지털 노마드의 지속적인 유입 선순환은 클라우드 국가에 다양성이라는 활기를 불어넣습니다. 다양성이 디지털 노마드의 주체적인 성격과 결합하면 시민 개개인이 국가 의사결정의 주체가 되는 클라우드 국가를 완성할 것입니다.

3장

클라우드 정부 · 외교

클라우드 정부

클라우드 국가의 정부란?

　디지털 기술의 발전은 정부에 대한 도전이면서 동시에 기회이기도 했습니다. 지금까지는 정부가 기술을 규제하거나 혹은 기술을 활용하기도 했지만, 앞으로는 기술 변화에 대한 대응이 어려울 것입니다. 기술과 사회의 변화는 정부의 대응 능력보다 훨씬 빠르기 때문입니다. 우리는 앞으로 100년 동안 지난 2만 년에 걸쳐 쌓은 만큼의 기술 변화를 경험할 것입니다. 거대한 변화에 대응하기 위해 정부의 형태와 역할 변화가 필요합니다.

　그러나 정부의 움직임은 여전히 느립니다. 한 조사에 따르면, 정부가 주요 정책을 마련하고 시행하는 데 평균 35개월이 필요하다고 합니다.[24]

24　고기동, "국회, 정부입법안 처리속도 역대 최악", 2007.5.7. https://www.korea.kr/special/policyFocusView.do?newsId=148623742&pkgId=49500240

현대 정치를 대표하는 정당 체제는 19세기 서구 사회에서 비롯되었습니다. 수많은 이해관계자들이 존재하는 지금, 부르주아와 노동자 계급의 양당 구도는 어울리지 않는 체제입니다. 새로운 정치 행위자도 등장했습니다. 인터넷에 친숙한 젊은 네티즌이 적극적인 정치 참여자가 되었습니다. 그런데 한국, 미국, 중국, 일본, 러시아, 인도 등 정치 지도자들의 나이는 60대 후반에서 70대 사이입니다. 젊은 계층의 목소리가 정치에 얼마나 반영될 수 있을까요? 문제는 논의와 결정 과정에서 이해관계자들이 소외되는 것입니다. 클라우드 국가는 주민들에게 권한을 주어 소외 문제를 해결할 수 있습니다.

변화의 신호들

많은 정부가 디지털 전환을 진행하고 있으며, 디지털 기술을 통한 시민들의 정치 참여도 확대되고 있습니다. 에스토니아는 2021년 기준 공공 서비스의 99퍼센트를 이미 온라인으로 제공하고 있습니다.[25] 에스토니아 정부가 도입한 전자영주권(e-Residency)으로 유럽연합 내에 법인을 설립할 수 있습니다.[26] 2015년 스페인에서 출범한 '디사이드 마드리드(Decide Madrid)'는 시민을 시의 행정에 참여시켰습니다.[27] 한국도 정부 서비스를 통합하고 제공하기 위해 정부24 포털을 운영하고 있습니다.[28]

25 https://e-estonia.com
26 https://e-resident.gov.ee/start-a-company/
27 https://decide.madrid.es/
28 https://www.gov.kr/portal/main

◾ 디사이드 마드리드: 시민 참여 도시 행정

2015년부터 운영된 디사이드 마드리드는 시민들이 의사결정에 참여하는 온라인 포털입니다. 마드리드 시민들은 포털 사이트를 통해 입법, 행정, 재정 논의에 직접 참여할 수 있습니다. 마드리드 시 유권자 1퍼센트 이상의 지지를 받은 제안은 온라인 토론 대상이 되며, 투표 후 시 정부가 제안을 검토합니다. 2018년 기준으로 약 40만 명이 포털 사용자로 등록되어 있습니다. 디사이드 마드리드 모델은 전 세계 33개 나라 100여 개 도시에 도입되었습니다.

디지털 정부와 함께 '디지털 트윈' 개념이 주목을 받고 있습니다. 싱가포르는 실제 국가의 디지털 트윈인 버추얼 싱가포르라는 3D 가상 플랫폼을 만들어 도시 인프라, 자원 관리, 도시 기획에 활용하고 있습니다.[29] 영국은 국가 디지털 프로그램(National Digital Twin)[30]을 추진하고 있으며 호주는 공간정보 기반 디지털 트윈(Spatially Enabled Digital Twin)[31]을 만들고 있습니다.[32] 한국도 2020년에 국가 디지털 트윈 어젠다를 한국판 뉴딜의 10대 대표 과제 중 하나로 설정했습니다.[33]

29 https://www.smartnation.gov.sg/what-is-smart-nation/initiatives/Urban-Living/virtual-singapore

30 https://www.cdbb.cam.ac.uk/what-we-do/national-digital-twin-programme

31 https://www.anzlic.gov.au/resources/principles-spatially-enabled-digital-twins-built-and-natural-environment-australia

32 서기환, "주요국의 국토도시 디지털 트윈 정책 동향 및 시사점 (싱가포르, 영국, 호주)", 2021.4.5. http://www.ricon.re.kr/foreign_view.html?bn=21&seq=5083

33 국토교통부 국토정보정책과, "한국판 뉴딜 대표과제, '디지털 트윈'… 정부와 산업계 힘 모은다", 2020.7.30. http://www.molit.go.kr/USR/NEWS/m_71/dtl.jsp?lcmspage=1&id=95084234

✕ 버추얼 싱가포르

3D 가상세계에 도시를 그대로 복제한 버추얼 싱가포르는 건물과 도로, 공원 벤치, 가로등까지 도시의 공간 정보를 모두 담고 있습니다. 이들의 질감이나 소재 등 상세한 정보 반영하고 있으며, 인구통계와 교통량, 기후 등 실시간 도시 데이터까지도 포함합니다. 싱가포르의 공공과 민간 기관은 버추얼 싱가포르를 활용해 비상 대피 절차 기획, 교통 및 보행 패턴 분석 등 다양한 실험을 할 수 있을 것으로 기대됩니다.

출처: National Research Foundation, Government of Singapore.

가상현실(VR) 기술을 활용한 가상 오피스도 주목받고 있습니다. 줌 (Zoom) 화상회의를 넘어서 가상 오피스로 출근하는 게 가능해진 것이지요. 스페이셜이라는 스타트업은 가상 오피스 시장에 불을 지폈습니다. 이 기업은 홀로그램으로 국경을 넘는 협업 방식과 일터의 개념을 바꾸는 것을 지향합니다. 코로나19로 스페이셜 사용자 수가 급증했습니다. 사용자들은 3D 아바타를 만들고 헤드셋, 데스크톱 등의 기기로 가상공간에서 협업할 수 있습니다. 최근 스페이셜은 대기업에서 중소

기업, 일반 유저까지 타깃을 확대했습니다. AR과 VR 기술의 상용화
는 이제 먼 미래의 일이 아닙니다.

출처: 스페이셜.

정부 서비스의 디지털화, 기술을 통한 주민 참여 확대, 디지털 트윈
적용 분야 확대, VR 공간 상용화와 같은 추세가 향후 국가와 정부의
미래를 엿볼 수 있도록 해줍니다.

현실과 가상세계의 공론장을 연결하는 플랫폼 정부

클라우드 정부는 어떤 형태로 등장할까요? 앞으로 디지털 트윈에
서 교통 문제를 해결하는 것처럼 클라우드 상에서 정책을 실험해 부
작용을 최소한 후, 그 정책을 현실에 도입할 것입니다. 클라우드 국가
는 공론장으로서 국토의 3D 혹은 4D 모델로 해결이 가능한 환경과 교
통 문제뿐만 아니라 삶의 모든 이슈의 정책 토론장과 실험실이 될 것

입니다. 이미 광화문 앞에서 시작된 홀로그램 시위[34]나 가상세계에서의 대선캠프 출범도[35] 현실이 되었습니다. 이처럼 보고를 위한 온라인 공청회가 아닌 시민들이 주인이 되는 가상공간에서의 공청회도 가능할 것입니다. 이제 정부는 현실 세상과 가상세계의 공론장을 연결하는 플랫폼이 될 것입니다.

플랫폼 정부가 완전히 새로운 개념은 아닙니다. 2011년 팀 오라일리가 정부 형태로서 '플랫폼 정부(Government as a Platform)'를 주창했습니다. 정부들이 이 개념을 도입해 국가 행정 효율성을 높이기 위한 기술 도입, 공공 서비스의 디지털화, 전자정부 등 다르게 해석했지만, 정부가 플랫폼으로 작동할 수 있는 환경이 이제 형성되어가고 있습니다. 세계 어디를 가든 클라우드 국가의 일원이 될 수 있고, 동시에 세계시민 누구든 클라우드 국가의 일원이 될 수 있을 것입니다.

정부와 시민, 일방향에서 양방향 소통으로

클라우드 국가에서 시민들의 역할은 단순한 정책 제안, 전자민원을 넘어 의사결정까지 확대될 것입니다. 기존 정부는 일방향 소통 수준을 벗어나지 못하고 있습니다. 세계 곳곳에 직접민주주의가 실현되고 있기는 하지만 한계가 있습니다. 반면, 클라우드 국가에서는 양방향 소통으로 시민들이 직접 의사결정에 참여할 수 있을 것입니다. 시민이 소비자에서 생산자로 전환되는 것이지요. 2008년 미국 미래연구

---

34 한국일보, "광화문 앞 홀로그램 시위, 합법일까 불법일까", 2016.2.24.
35 이티뉴스, "박용진, 메타버스 대선캠프 출범", 2021.6.21.

소(IFTF)가 실시한 슈퍼스트럭트(Superstruct) 온라인 게임은 이런 경향에 대한 힌트입니다.[36]

이 게임에서 참석자들은 함께 온라인으로 과제를 받아 미래를 상상하고, 논의하며, 솔루션을 모색했습니다. 일종의 정책 크라우드 소싱이었습니다.

◆ 슈퍼스트럭트 게임:
집단지성을 통한 사회 문제 해결 시도 사례

게임이 사회 문제 해결에 도움이 될 수 있다는 걸 알고 계셨나요? 2008년 미국 미래연구소가 개최한 슈퍼스트럭트 게임이 바로 그런 사례입니다. 지구가 연료 전쟁과 식량 부족, 기후변화 등으로 23년 후 멸망할 것이라는 스토리가 게임의 기본 시나리오입니다. 게임 참가 목적은 지구를 구하기 위해 함께 솔루션을 찾는 데 있습니다. 6주 동안 7,000명이 온라인으로 참가했습니다. 참가자들은 다양한 커뮤니티를 만들어 아이디어를 개발했습니다.

클라우드 국가의 시민들은 클라우드 공간에서 새로운 아이디어를 제시하고, 평가하고, 해결책을 찾는 과정을 거쳐 다양한 실험을 할 수 있을 것입니다. 물론, 모두가 만족할 해결책을 찾는 것은 불가능할지 모릅니다. 그러나 적극적인 참여를 통해 함께 미래를 예측하고 준비하는 과정을 거친다면, 참가자들은 최종 결정된 정책을 합리적

---

36 https://www.iftf.org/our-work/people-technology/games/superstruct/

으로 수용할 것입니다.

명성이 자산으로

시민이 스스로 정책을 만드는 탈중앙화 시스템이 무질서로 귀결되는 건 아닌지 걱정이 될 수도 있습니다. 그런데 이미 우리의 일상생활로 스며든 플랫폼 경제에서의 리뷰와 평가를 떠올려보세요. 클라우드 국가에서도 명성(reputation)이 중요할 것입니다. 시민이 어떤 경제적, 사회적, 정치적 활동을 하는지가 네트워크를 통해 투명하게 기록되는 클라우드 국가에서는 법을 집행할 때 징역형이나 과태료 같은 처벌보다 명성 상실이 더 강한 강제력을 가질 수 있습니다.[37] '처벌이 범죄를 막는다'는 전통적인 억제 이론과는 다른 관점이지요. 네트워크에서 활동하며 얻은 평가가 주요한 자산이 되는 시대이기 때문에 명성에 손상이 가는 상황을 피하기 위해 사람들은 선한 행동을 하려 할 것입니다.

프로액티브 공공 서비스로의 전환

공공 서비스에도 변화가 일어날 것입니다. 원래 정부는 시민들의 요청에 따라 공공 서비스를 제공합니다. 이를 대응형 서비스 제공이라고 합니다(Reactive service delivery). 예를 들어 주소 변경, 본인 인증 서류

---

37 Bauböck, R., *Debating Transformations of National Citizenship*, Springer Publishing, 2018, 356.

갱신, 복지 혜택 신청, 소득 신고를 할 경우 시민들이 신청서를 제출해야 정부가 그에 대응해 서비스를 제공합니다.

그러나 오스트리아는 '스톱이 없는 숍(no-stop shop)' 서비스를 제공합니다.[38] '원 스톱 숍'이란 다양한 부서를 돌아다니지 않고 한 번의 신청으로 서비스를 제공받는 것을 의미합니다. '스톱이 없는 숍'은 시민들의 신청 없이도 정부가 스스로 시민들의 니즈를 파악해 서비스를 제공하는 것입니다. 달리 말해서 정부가 프로액티브하게 공공 서비스를 제공합니다(Proactive service delivery). 일례로, 오스트리아 정부는 부모가 자녀를 낳고 출생신고를 하지 않아도 자동으로 아동수당을 지급하는 시스템을 만들었습니다.

◆ 오스트리아 아동/가족수당 지급 과정

오스트리아에서는 아이가 태어나면 병원이 주민센터에 출생신고를 합니다. 이 정보를 받은 주민센터는 재무부에, 재무부는 지방 세무서에 정보를 전달하고, 세무서가 부모에게 아동수당을 지급합니다. 이 과정에서 부모가 어떤 신고나 신청을 할 필요가 전혀 없습니다.

출처: SCOOP4C.

---

38 Scholta, H., Mertens, W., Kowalkiewicz, M., & Becker, J., "From one-stop shop to no-stop shop: An e-government stage model", Government Information Quarterly, 2019.

한국에서 최근 보조금24 서비스가 출범했습니다.[39] 시민이 받을 수 있는 정부 혜택을 확인하고 직접 신청할 수 있는 맞춤형 서비스입니다. 정부가 프로액티브하게 공공 서비스를 제공하는 것은 아니지만 그 방향으로 나아가는 노력으로 보입니다.

클라우드 국가에서는 '스톱이 없는 숍' 혹은 맞춤형 서비스가 더욱 보편화될 것입니다. 그렇다면 '스톱이 없는 숍'은 또 어떤 서비스를 제공할 수 있을까요? 부동산 전세나 월세 계약을 맺는 순간, 자동으로 거주지 변경이 될 것입니다. 해외에서 거주하는 한국 국민들은 사전 등록 없이 투표를 할 수 있겠고요. 또 여권이 만료되기 전에 별도의 신청이 없어도 갱신된 여권을 받을 것입니다. 따로 신고하지 않아도 청년구직활동지원금이나 재난지원금 같은 정부 지원금을 받을 수 있게 될 것입니다. 외국인 학생들이 한국 대학교에 입학하면 비자도 바로 발급될 것입니다. 이러한 제도는 한국 국민뿐만 아니라 클라우드 시민들, 클라우드 기업들에게까지 확대될 수 있습니다.

'스톱이 없는 숍' 제도가 제대로 운영되려면 원활한 데이터 공유가 필요합니다. 다른 병원으로 옮기게 되면 원래 다니던 병원에서 의료 기록을 발급받아 제출해야 합니다. 다른 병원에서는 내 이전 의료기록을 확인할 수 없습니다. 아직도 의료기록 통합 문제를 해결할 수 있는 뾰족한 수를 찾지 못하고 있습니다. 정부24 포털은 다양한 정부부처 서비스를 하나로 묶으려 했지만, 부처 간 장벽이 여전히 높아 쉽지 않습니다.

---

39 https://www.gov.kr/portal/rcvfvrSvc/main

클라우드 국가의 정부는 이런 번거로움을 해결할 수 있을 것입니다. 제도는 통합되어 있으니 블록체인 기술을 이용해 운영하면 안전한 관리 체계를 만들 수 있습니다. 시민이 자기주권신원인증(self-sovereign identity)을 가지고 자신의 데이터를 스스로 관리하면 제3자 기관의 역할이 필요하지 않습니다.[40] 시민의 동의가 있으면 정보가 공유되므로 공유와 사용 기록을 모두 한눈에 볼 수 있을 것입니다.

클라우드 국가 정부는 클라우드 세상만을 위해서 존재하는 게 아닙니다. 오늘의 정부를 대체하기 위함도 아닙니다. 기존 정부의 업그레이드이자 클라우드 세상을 위한 정부의 변신입니다. 클라우드 정부는 시민 중심으로 더 효율적으로, 더 간편하게 공공 서비스를 제공할 것입니다. 또한 데이터를 기반으로 시민의 니즈를 미리 파악할 것이고, 시민이 정책 결정에 직접 참여함으로써 진정 양방향으로 소통하는 수준 높은 행정이 이루어질 것입니다.

---

40   Allende López, M., "Self-Sovereign Identity: The Future of Identity: Self-Sovereignty, Digital Wallets, and Blockchain", IDB, 2020.

디지털 가상 시민권

태어나면서 저절로 정해지는 것이 두 가지 있습니다. 바로 부모와 국적입니다. 국적이 부여되는 방식은 부모에 따라(속인주의) 또는 태어난 장소에 따라(속지주의) 나뉩니다. 어느 방법이든 모든 사람은 태어나자마자 국적이 정해집니다. 그런데 국적은 영구불변이 아닙니다. 삶의 여정에 따라 달라지기도 합니다. 이민을 가거나 국제결혼으로 배우자 국적을 따르면 바뀝니다. 아주 드물기는 하지만, 망명을 해서 바뀌는 경우도 있지요.

에스토니아 전자영주권

현실세계의 시민권과 달리, 가상세계에서만 사용할 수 있는 시민권이 나올까요? 지나친 상상이라고요? 이러한 상상은 이미 에스토니아에서 현실이 되었습니다. 2014년 에스토니아 정부는 사이버 세계에서 영주권을 취득하고 창업할 수 있는 특별한 영주권 제도를 도입했습니다. 바로 'e레지던시(e-Residency)'입니다. '전자영주권'이라고 부릅니다.

에스토니아의 전자영주권을 얻으면, 가상공간에서 에스토니아 기업으로 창업도 가능하고 에스토니아 기업과 동일하게 사업을 할 수 있습니다. 에스토니아는 EU 회원국입니다. 전자영주권을 받고 창업한 기업은 동일하게 EU에서 에스토니아 기업으로서 사업을 할 수 있습니다.

그러나 전자영주권은 현실세계의 취업비자, 영주권, 시민권과는 다릅니다. 전자영주권은 취업비자나 실제 영주권을 대신할 수 있는 것도 아니고, 국적(시민권)을 부여받는 것도 아닙니다. 다만 창업을 하면 에스토니아 기업으로서 대우를 받을 수 있게 해주는 특별한 제도입니다. 전자영주권을 가진 외국 기업이 받는 가장 눈에 띄는 혜택은 EU 회권국 기업으로 인정되는 것입니다. 가상세계의 제도가 현실세계로 확장되는 것이죠. 전자영주권은 비록 영주권이나 취업 · 창업비자는 아니지만, EU에서 사업을 하고자 하는 기업에게는 확실히 매력적입니다. 에스토니아 기업으로 인정되는 만큼, 에스토니아 정부의 보호도 받지요.

에스토니아가 이런 놀라운 생각을 하게 된 이유는 무엇일까요? 한마디로 가상공간을 통해 경제 영토를 넓혀보자는 것입니다. 에스토니아는 인구 132만 명의 작은 국가입니다. 수원시 인구 120만 명보다 조금 많은 정도이지요. 인구의 한계는 곧 시장의 한계입니다. 어떤 기업이든 일정 수준의 소비시장이 있어야만 생존이 가능합니다. 인구가 적은 나라는 기업 성장에 상당한 한계를 갖게 됩니다. 에스토니아는 가상세계를 통해 이를 극복해보려 한 것 같습니다. 전자영주권 제도는 에스토니아의 노력에 실제로 응답합니다. 조사에 따르면, 전자영주권 제도를 비롯한 에스토니아의 선자정부 혁신이 매년 실질 국내총생산의 약 2퍼센트에 달하는 사회적 비용을 절감한다고 합니다.[41] 이게 끝이 아닐 것입니다. 가상 경제가 폭발적으로 확장하고 있기 때문입니다. 가상 경제가 활성화되면 에스토니아 전자영주권의 가치는 본격적으로 빛을 발할 것입니다.

디지털 영주권에서 디지털 시민권으로

에스토니아의 전자영주권을 보면서 상상의 나래를 펼쳐봅시다. 단순한 영주권에 그치지 않고 디지털 시민권으로 확대될 가능성은 없을까요? 에스토니아의 전자영주권은 기업 시민을 대상으로 한 것입니다. 가상공간에서의 창업에 초점이 맞춰져 있지요.

그러나 가상 경제의 잠재력과 응용 가능성을 생각하면, 에스토니아의 전자영주권은 '장소적 매력(에스토니아 영주를 통한 EU 시장 접근)' 활용에 중점을 둔 것처럼 보입니다. 기업 시민에 국한된 점도 한계가 있어 보입니다. 창업을 하지 않는 일반 노동자들에게는 직접적인 혜택이 없으니까요. 취업비자(노마드 비자)는 여전히 현실세계에 머물러 있습니다. 일반

---

41 KOTRA, "에스토니아 전자정부 도입 현황", 핀란드 헬싱키무역관, 2021.2.9.
    https://news.kotra.or.kr/user/globalAllBbs/kotranews/album/2/globalBbsDataAllView.
    do?dataIdx=187236

노동자들까지 가상세계에서 일할 수 있도록 하기 위해서는 더 범위가 넓은 '디지털 시민권'으로 제도를 확장할 필요가 있지 않을까요? 이미 가상 경제에서는 비대면 원격근무 환경이 조성되고 있습니다.

디지털 시민권은 '가상 시민권'이다

아직 디지털 시민권을 제도적으로 도입한 사례가 없기 때문에 모두에게 통용되는 디지털 시민권의 정의를 내릴 수는 없습니다. 그러나 상상의 나래를 좀 더 펼쳐보면, 디지털 시민권의 대략적인 모습을 그릴 수 있을 것 같습니다. 우선 가상세계에서 활동하는 국민을 '가상 국민'이라고 이름 붙여봅시다. 디지털 시민권은 이러한 '가상 국민'에게 주는 디지털 세계용 시민권이라고 정의할 수 있을 듯합니다. 결국 디지털 시민권은 다른 말로 '가상 시민권'이라고도 할 수 있습니다.

그렇다면 가상 시민권은 현실세계의 실제 시민권과 어떻게 다를까요? 가상 시민권은 가상세계에서만 필요하고, 물리적인 이동이나 정주가 필요하지 않으므로 '영주권'은 포함하지 않을 것입니다. 영주가 시작되면 가상 시민권은 '가상세계'를 벗어나 현실세계로 나와버리는 것이죠. 또 실제 시민권이 가진 참정권이나 기타 공무담임권 등도 가상 시민권에 포함되기는 어려울 것입니다. 물론 이러한 제한이 절대적인 것은 아니라고 봅니다. 가상세계에 대한 관념의 변화에 따라 영주권이나 실제 시민권의 내용이 얼마든지 가상 시민권에도 부여될 수 있다고 생각합니다.

가상 시민권은 현실세계 시민권의 전 단계로 생각해볼 수도 있습니다. 가상 시민권을 보유한 가상 국민에게 가장 손쉽게 허용할 수 있는 혜택은 출입국에 대한 사전 비자를 면제하거나 단기 체류를 자동적으로 허용하는 것입니다. 가상 시민권자는 별도의 비자나 취업 허가가 없어도 단기간(예: 1년 이내) 체류하면서 경제활동을 할 수 있도록 하는 것입니다. 이는 최근 각 나라가 활발하게 도입하고 있는 원격근무비자(노마드 비자)와 동일한 효과를 거둘 수 있습니다. 우리나라도 2021년 3월 노마드 비자를 도입했습니다.

가상 시민권자가 문제없이 일정 기간을 지나거나, 일정 수준의 기여(예: 납세액 기준)를 한 경우 영주권을 부여할 수 있습니다. 영주권 부여의 자격을 가상 시민권 보유로 대체해주는 것입니다. 영주권 보유기간이 지나면 실제 시민권을 부여하는 단계도 가능하겠지요. 이처럼 가상 시민권은 단순히 가상세계에서만 통용되는 것이 아니라 일정한 요건 하에 현실세계에서 출입국, 단기 체류, 영주, 시민권 취득 등으로 연결되는, 전 단계 제도로서의 역할을 할 수 있도록 구성할 수 있습니다.

그러면 가상 시민권에도 의무를 부여해야 할까요? 못할 것도 없다고 봅니다. 가상 시민권이 일종의 권리를 의미한다면 의무를 지는 것이 형평성에 맞으니까요. 어떤 의무가 있을까요? 우선 조세 의무를 생각해볼 수 있습니다. 가상 국민이 한국 기업으로 창업할 경우 한국 기업과 동일하게 국내 사업의 기회를 부여받고 이에 따라 소득이 발생할 수 있습니다. 이 경우 납세의무가 발생합니다. 다만, 구체적으로 어떤 경우에 어느 정도 납세의무가 발생하는지는 거주 여부, 주 사업장의 위치 등 다양한 요소를 제도화해야 판단이 가능할 것입니다. 상대국과의 협약도 살펴봐야 하고요. 여기서 중요한 것은 '소득이 있는 곳에 세금이 있다'는 조세 원칙입니다. 가상 시민권자에게 영주권이나 시민권을 부여할 때 납세 실적을 고려한다는 원칙을 세우려면 가상 시민권을 설계할 때 미리 감안해야 한다는 것입니다. 그 밖에 어떤 의무를 부여할 수 있을까요? 여러분의 상상에 맡깁니다.

가상 시민권은 과연 매력이 있을까?

가상 시민권의 매력은 한국이 제공하는 가상 경제의 기회 또는 잠재력과 이를 활용하는 가상 시민권 혜택의 범위에 달려 있겠지요. 기업가와 노동자의 입장을 나누어서 생각해봅시다.

기업가는 한국의 가상 기업으로서 혜택을 누릴 수 있습니다. 가상 세계를 통해 한국 기업으로 창업을 하고, 한국 기업으로 법인 등록을 합니다(이런 제도가 마련된다는 전제하에서의 이야기입니다). 가상의 한국 기업은 현실 세계의 한국 기업과 동일한 대우를 받고, 동일한 자격으로 한국 내 사업 기회에 참여할 수 있게 합니다. 정부의 지원 사업에 한국 기업과 동일한 참여 기회가 부여될 수 있겠지요. 제도의 목적에 따라서는 가상 기업에게 적절하지 않다는 이유로 배제할 수도 있을 것입니다. 그러나 이 경우에도 가상 시민권 제도의 취지를 훼손하지 않는 범위 내에서 이뤄져야 할 것입니다.

이렇게 따져보면, 가상 기업 설립 허용은 마치 '자유무역협정(FTA) 체결'과 다를 바 없어 보입니다. 한 가지 차이점은 가상 시민권은 특정 국가가 아니라 불특정 다수의 외국인에게 허용한다는 사실입니다. 국가 대신 개인을 대상으로 자유무역협정과 유사한 시장 접근을 허용

96

하는 셈이죠. 개인 차원의 FTA라고 생각할 수도 있겠습니다. 다시 말하면, 자유무역협정을 체결하지 않은 국가의 개인에게도 동일한 시장 접근을 허용하는 획기적인 일이 될 것입니다. 이러한 혜택 하나만으로도 외국인들이 한국의 가상 시민권을 보유할 충분한 이유가 될 것입니다.

가상의 한국 기업은 자국 내 또는 제3국에서 '한국 기업으로서 브랜드 파워'를 누릴 수 있을 것입니다. 나아가 한국 정부의 영사정책상 보호도 받을 수 있겠지요. 물론 이러한 내용이 제도적으로 뒷받침되어야 합니다. 가상 기업에 대해 한국 정부가 영사 보호를 해준다면 가상 시민권의 매력이 한층 더 높아질 것이 분명합니다.

그러면 노동자 입장에서도 한국의 가상 시민권이 매력적일까요? 기업가보다 노동자들이 더 선호할 것 같습니다. 요즘 한국의 브랜드 가치가 높아지면서 해외 취업시장에서 한국 기업 선호도가 급증했습니다. 그만큼 한국어 능력시험 응시자도 매년 폭증하고 있고요. 모두 현지 한국 기업 또는 한국에서 취업 기회를 얻기 위해서입니다. 가상 시민권은 가상세계를 통해 한국 기업에 고용될 수 있는 기회가 주어진다는 점에서 외국인들에게는 매력적인 제도일 것입니다. 가상 경제가 활성화되면 한국 기업도 가상 노동자를 채용하는 경우가 증가할 것입니다. 해외 근로자들에게는 굳이 한국에 가지 않고도 자국에 거주하면서 한국 기업에 채용될 수 있는 길이 열리는 것이지요.

가상 시민권은 영주권이나 실제 시민권의 전 단계로 운용할 수 있을 것입니다. 가상 시민권을 일정 기간 이상 보유한 외국인에게 영주권이나 시민권 부여 혜택을 줄 경우 가상 시민권은 외국인에게 매우 큰 매력이 될 것입니다. 가상 시민권이 영주권이나 시민권의 전 단계로 활용된다면 '가상 근로자의 일에 대한 진지함'도 달라질 것입니다. '좋은 트랙 레코드'를 쌓아야 할 이유가 있기 때문입니다. 그러면 한국 기업들도 믿음을 가지고 적극적으로 가상 노동자들을 고용할 수 있을 것입니다.

가상 시민권은 경제 영토를 확장한다

가상 시민권은 우리나라에 도움이 될까요? 한마디로 '그렇다'입니다. 경제 영토를 확장하는 효과가 있습니다. 에스토니아가 전자영주권을 도입한 효과를 볼 수 있습니다.

그러나 '가상 시민권'은 기업 시민만을 위한 제도보다 범위가 넓으므로 더 다양한 실체적, 경제적 효과를 얻을 수 있습니다. 바로 FTA 확대 효과입니다. 이미 FTA를 체결한 국가는 물론, 아직 체결하지 못한 나라에서도 가상 기업과 가상 노동자들을 영입해 사실상의 무역거래가 활성화될 것이 분명합니다. 가상세계를 통해 한국의 시장을 확장할 것입니다. 한국 기업에게는 FTA를 체결하지 않은 국가까지 시장을 넓힌다는 의미가 있습니다. 물론 국가 간 체결된 FTA만큼은 못하겠지만 말입니다.

한국의 노동시장이 확대되는 효과도 있습니다. 가상 기업이 한국에서 사업하기 위해서는 가상세계 플랫폼만으로는 불가능할 것입니다. 최소한의 한국인 고용이 불가피합니다. 결과적으로 가상 기업을 통해 한국인들의 일자리가 늘어날 것입니다.

가상 노동자는 생산연령인구 감소에 대한 하나의 방책이 될 수 있습니다. 가상 경제를 통해 한국 기업이 가상 노동자를 고용할 수 있다면, 실질적인 노동력 수입 효과를 볼 수도 있지요. 외국에 산재하는 전문기술 인력들을 한국 경제로 편입하는 효과도 있을 것입니다. 가상 시민권이 가져올 경제적 효과는 가상 경제가 얼마나 활성화되느냐에 따라 그 크기가 달라질 것입니다. 물론 생각지 못한 부작용과 문제점들을 드러내기도 할 것입니다.

그러나 중요한 것은 혁신을 위해서는 어느 정도의 위험을 감수해야 한다는 점입니다. 진정한 혁신은 그러한 문제를 해결하는 것까지 포함합니다. 가상 시민권 도입이 가상세계를 선점하는 지름길이 되기를 기대해봅시다.

클라우드 국가의 진화

디지털 시민권의 등장으로 이민의 모습은 어떻게 달라질까요? 이주는 인류의 발전만큼 오랜 역사를 가지고 있습니다. 아프리카에 살던 초기 인류의 이동부터 농경 문명을 형성했던 도시까지, 사람들은 끊임없이 이동했습니다. 문명의 발전과 함께 상인, 탐험가, 종교인, 정복자들이 세계를 돌아다녔습니다. 항로가 개척되어 새로운 대륙, 새로운 길이 열릴 때마다 인류는 더 가까이 연결되었습니다. 사람이 이동하면서 다양한 생각이 만났습니다. 기술과 문화의 교류가 이루어졌고, 지식이 확산되고, 혁신도 일어났습니다. 글로벌 차원에서 이주는 인류와 경제 발전의 추진력이었다고 해도 과언이 아닙니다. 이제 디지털 시민권의 등장으로 이민은 새로운 차원에서 진행될 것입니다. 더 유연하게, 더 빠르게 이민을 결정하고 실행에 옮기게 되겠지요. 디지털 시민권을 이용해서 말입니다. 이는 새로운 국가의 형태로 진입하는 디딤돌이 될 것입니다.

오늘날의 사람들은 교통과 통신기술의 발전으로 훨씬 더 쉽게 출신 국가를 떠나 자신의 생활 터전을 옮길 수 있습니다. 그러나 이민의 주된 동기는 과거에 비해 크게 변하지 않았습니다. 사람들은 더 좋은 삶을 찾아, 새로운 기회를 좇아, 정치적·사회적 압박에서 벗어나고자, 그리고 가족을 따라 이민을 선택합니다. 과거와 다른 점도 존재합니다. 근대국가 체제가 확립되면서 이민은 통제 대상이 되었습니다. 이민 문제가 국가 차원에서 다루어지고, 여권과 비자 제도, 이민 쿼터 제도, 방문 노동자 프로그램 등이 도입되었습니다. 그만큼 국경의 통제도 강화되었습니다.

그러나 사람들의 이동은 멈출 수 없습니다. 인류는 계속해서 어디론가 이동할 것입니다. 경제적 원인, 인도주의적 원인, 무력 충돌, 기후변화 때문에 앞으로 더 많은 사람이 이동할지도 모릅니다. 기술의 발전으로 전통산업이 쇠락해 일자리를 잃은 사람들은 다른 나라로 이주하려 할 것입니다. 인구 감소와 고령화에 빠진 국가들도 새로운 인재와 새로운 비즈니스가 유입되기를 바랄 것입니다.

디지털 노동 플랫폼을 통한 클라우드 이민

그런데 이민의 방법과 수단들이 변화하고 있습니다. 과거의 이민은 물리적 경계를 넘나드는 것이었습니다. 육지와 바다, 그리고 하늘길을 따라 국경을 넘어 세계로 이동했습니다. 다가올 미래에는 온라인에서의 이주가 늘어날 것입니다. 이미 디지털 노마드족에게서 이런 변화가 나타나고 있습니다. 지난 10년간 디지털 노동 플랫폼은 급속히 성장했습니다. 디지털 노동 플랫폼을 통해 많은 노동자가 자기 나라에 머물면서 해외 기업을 위해 일할 수 있게 되었습니다. 디지털 노마드는 국적에 얽매이지 않고, 원하는 곳에서 일하며 생활할 수도 있습니다. 소프트웨어와 기술 개발, 콘텐츠 관리 등 다양한 서비스가 이제는 원격으로 가능합니다. 물리적인 이동 없이 가상공간에서 이주가 진행되고 있는 것이지요. 인도, 필리핀 등 많은 나라의 사람들이 본국에 거주하며 해외 기업의 업무를 수행하고 있습니다. 디지털 시민권은 이러한 경향을 더욱 가속화할 것입니다.

▮ 프리랜스 플랫폼을 통한 업무 아웃소싱 (2019년)

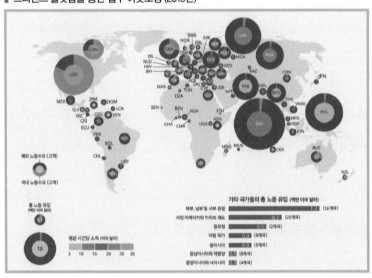

출처: World Employment and Social Outlook 2021: The role of digital labour platforms in transforming the world of work, International Labour Office Geneva: ILO, 2021, p.45.

매칭 알고리즘을 통한 국가와 이민 매칭

디지털 노동 플랫폼은 노동자와 고객을 연결하기 위해 매칭 알고리즘을 사용합니다. 업무 수행 평가, 서비스 리뷰, 능력 수준, 업무 수락률과 취소율이 매칭 알고리즘을 구성합니다. 클라우드 한국, 클라우드 미국 등 수많은 클라우드 국가들이 등장하는 시나리오를 상상해보세요. 가상 경제에서 활동하는 기업과 노동자들은 어떤 클라우드 국가에서든 일할 수 있을 것입니다.

그러나 어떤 클라우드 국가가 나와 가장 잘 맞을지에 대한 고민이 생깁니다. '어떤 클라우드 국가에서 활동할 때 가장 성공하고 행복할 수 있을까?', '이 클라우드 국가는 시민에게 무엇을 요구할까?', '나의 개인적인 가치와 잘 맞는 국가는 어디일까?' 등 다양한 고민을 하게 될 것입니다. 이러한 고민을 해결하기 위해 클라우드 국가와 그곳으로의 이민을 희망하는 사람이 서로 얼마나 잘 맞는지 분석해 매칭해주는 시스템이 생길 수도 있습니다. 클라우드 국가-시민 매칭 링크드인이라고 부를 수 있겠습니다.

특히 클라우드 시민권이 현실세계 시민권의 전 단계로 사용된다면 매칭 효과가 더욱 클 것입니다. 이민을 고려할 때 내가 그 나라에 적응할 수 있을지 미리 테스트해볼 수 있으니까요.

이 과정에서 매칭 알고리즘에 영향을 미치는 변수는 무엇일까요? 클라우드 이민을 생각하는 시민에게는 온라인 명성이 매우 중요할 것입니다. 국가의 경우 일자리, 출산, 사망, 이동과 같은 인구학적 추세가 중요할 것입니다. 이 둘의 맞춤 매칭으로 클라우드 국가와 시민의 만남이 성사된다면, 클라우드 국가는 더 안정적이면서도 혁신을 일으키는 사회적 토대를 마련할 것입니다.

'민족 없는 나라'를 향하여

내국인, 외국인(이민)의 구분은 '사회 정체성 이론'을 통해 설명할 수 있습니다. 사람은 사회적 정체성을 가지며, 자신이 속한 집단이 우월하다고 생각합니다. 내부 집단의 소속감이 강해질수록 외부 집단에 대한 부정적인 인식이 형성되지요.[42] 결국 내부 집단과 외부 집단, '우리'와 '우리가 아닌 사람들', '우리와 그들'의 구분이 명확해집니다. 우리와 다른 문화가 이질적이며 열세하게 느껴집니다.

이 이론은 이민이라는 단어가 왜 부정적인 의미를 갖게 되었는지를 설명합니다. 20세기 말 각국 정치는 포퓰리즘에 휩싸였습니다. 사람들은 이민자들이 일자리를 빼앗고 범죄를 저지른다는 근거 없는 주장을 믿고, 이민과 난민에 대한 거부감을 키웠습니다. 근대국가 체제가 만든 안팎의 구분이 배타적인 장벽을 고착화하는 결과를 가져왔습니다. 그래서 민족주의의 정서가 강화되어 이주를 금지해야 한다는 사회 통념이 강화되고 있습니다.

반면 나라를 잃고 험난한 표류의 삶을 보내는 사람들도 있습니다. 터키, 이란, 이라크, 시리아에 걸쳐 사는 쿠르드족이 대표적입니다. 이들을 어떻게 인도적으로 보호하고 사회 체제에 받아들일 것인지, 오늘날 유럽의 고민은 깊어지고 있습니다.

---

42 김석호·신인철·김병수, "이주노동자에 대한 태도에 영향을 미치는 교육의 효과 분해: 한국, 일본, 대만 비교연구", 한국인구학, 2011.

역사적으로 이민자들은 혁신과 발전의 원동력이었습니다. 이민의 나라라는 국가의 정체성을 긍정적으로 활용한 나라들이 있습니다. '인종의 용광로'라고 불리는 미국과 캐나다가 대표적인 사례입니다.

클라우드 국가에서는 내부인과 외부인의 경계가 없습니다. 클라우드 사회의 모든 구성원은 인종과 민족에 대한 선입견을 갖지 않습니다. 블록체인에 투명하게 공개된 개인의 데이터로 판단 기준을 세우고 상호작용합니다. 데이터를 신뢰하니 관계에서의 불확실성도 줄일 수 있고, 그만큼 서로에 대한 신뢰도 확보할 수 있을 것입니다. 이러한 변화는 국가의 진화를 가져옵니다. 네트워크에 존재하는 유연한 국가 모델에서는 더 이상 물리적 경계나 혈연적 유사성이 중요하지 않습니다.

클라우드 국가에서는 개인의 의사, 책임, 존중의 행동 양식이 중요해집니다. 클라우드 시민들의 이익, 권리, 책임과 존중이 무엇보다도 우선합니다. 또한 클라우드 상에서 신뢰 메커니즘을 통한 불안 해소는 현실세계로 파생적인 결과를 가져올 수도 있습니다. 결국 우리는 더 다양하고, 포용성이 있고, 함께 더 많은 혁신을 이룰 수 있는 사회를 만들어나갈 수 있지 않을까요?

클라우드 국가는 민족 없는 국가로의 진화를 의미합니다. 당연한 것처럼 여겨지는 인종과 민족이라는 구분은 사람이 만들었습니다. 구분을 없애는 것도 여전히 사람에게 달려 있습니다. 기술의 진화는 이러한 변화를 가속화할 수 있습니다.

클라우드 국가 시대의 국제 관계

베스트팔렌 체제의 종말?

클라우드 국가 시대의 국제 관계는 어떻게 변할까요? 클라우드 국가에서 지리적 경계가 무의미해지는 만큼 클라우드 국가들 사이의 관계를 새로 정의해야 할 것입니다. 어쩌면 모든 국가가 통합되어 종국에는 거대한 단일 세계 국가만이 남을 수도 있고요. 코로나19 이후 이러한 국제 관계의 미래를 고민하는 연구들이 많이 진행되고 있습니다. 미국의 한 보고서에서는 인간뿐 아니라 동식물, 나아가 바이러스마저 자유로이 움직이는 초지역주의의 확산을 예견하기도 합니다.[43]

자유로운 왕래와 이동을 위해 각국의 글로벌 백신 인증 메커니즘을 만들어야 한다는 움직임도 이미 있지요.[44] 클라우드 국가에서는 팬

---

43 David Bray, "Pandemic may replace the nation-state: But with what?" Atlantic Council, THU, 2020.4.9.

44 국제항공운송협회에서는 검역 프로세스를 디지털화한 백신여권인 '트래블 패스' 개발을 추진하고 있습니다. 세계경제포럼은 비영리단체인 커먼스 프로젝트와 함께 개발한 '커먼 패스'를 시도 중입니다. 서울신문, "'백신 여권' 속도 붙었지만…도용·불평등 우려 속 갈 길 멀다", 2021.4.13.

데믹이 일으킨 이동의 제약이 위험이 되지 않습니다. 대신 네트워크의 안전이 더 중요합니다. 디지털 세계를 운영하는 것은 국가가 단독으로 대응하기 어려운 사이버 위협에 취약할 가능성이 높기 때문이지요.

오늘날의 국제 관계는 1648년 베스트팔렌 조약의 산물입니다. 베스트팔렌 조약은 '30년 전쟁' 끝에 유럽의 주요 국가들이 모여 전후 체제를 구상한 결과입니다. 국가별로 종교를 선택할 자유가 허용되고 국가 주권을 상호 존중하기로 약속했지요. 국경을 확정하고 국경 내에서는 그 국가의 우월적 지위를 서로 인정하게 되었습니다. 이 조약 이후의 국제 관계를 '베스트팔렌 체제'라고 부릅니다. 베스트팔렌 체제의 국가들은 정해진 국경으로 국가 간 영토를 명확히 하고, 서로의 주권을 존중하며, 국내 정치에 간섭하지 않습니다. 오늘날의 국제 관계 기본 원칙들이지요.

◨ 베스트팔렌 조약

가톨릭과 개신교를 지지하던 국가 간의 30년 전쟁이 끝나고 1648년 베스트팔렌 조약이 체결됩니다. 이 조약으로 국가들은 서로 동등한 지위를 갖게 되었고 종교의 자유를 보장받았습니다. 동시에 '종교'를 하위 개념으로, '국가 주권'을 상위 개념으로 설정해, 국경 내에서 유일하고 자유로운 통치의 권한을 갖게 되었습니다.

출처: 조용석, "30년 전쟁과 베스트팔렌 평화 조약 연구", 신학사상, 2019, vol., no.184, pp.323~349.

클라우드 국가가 등장함에 따라 베스트팔렌 체제도 변화가 필요합니다. 디지털 공간에서 움직이는 클라우드 국가에는 물리적 경계가 존재하지 않습니다. 클라우드 한국, 클라우드 미국 등 클라우드 국가의 정체성을 가진 국가들은 디지털 우주에서 새로운 영토를 개척해나가게 됩니다. 게다가 클라우드 국가의 시민들은 세계 곳곳에서 연결되어 있어 더 이상 국경선을 기준으로 국가의 관계를 정의할 수 없게됩니다.

새로운 세계시민의 등장과 영구평화의 가능성

지리적 경계가 사라져도 클라우드 국가 사이의 국제 관계는 여전히 근대적인 속성을 유지할 것입니다. 무엇보다도 주권의 상호 존중이 그러하겠지요. 다만 국가의 성격이 변하는 만큼 국제 관계의 가치들도 변할 것입니다. 20세기 이후의 국제 정치는 현실주의와 자유주의의 반복이었습니다. 냉전으로 상징되는 국가 간 생존경쟁(현실주의)과 자본, 재화, 사람의 이동이 지구적 차원으로 전개된 상호 의존의 글로벌화(자유주의)가 동시에, 때로는 경쟁하며 펼쳐졌습니다.

클라우드 국가가 요구하는 시대적 가치와 이데올로기는 무엇일까요? 우리는 새로운 세계시민주의(neo-cosmopolitanism)의 출현을 꿈꿔봅니다. 프랑스혁명을 경험한 임마누엘 칸트는 1795년, '영구평화론'을 발표했습니다. 칸트는 인간에게는 존중받고 따라야 할 선험적 가치가 있다고 믿었습니다. 국가들끼리도 전쟁을 회피하고 평화를 추구하는 것이 당연하다고 보았지요. 그래서 영구평화라는 명제와 세계 시민의 개념을 제시했습니다. 미성숙하고 불완전한 인간이 이성을 통해 '계몽'되는 과정은 비단 개인에 국한된 것이 아닙니다. 이것이 확장되어 국가의 시민으로, 나아가 세계시민으로서의 자신을 인식해야 합니다.[45] 칸트는 세계시민사회가 출현하는 영원한 평화를 꿈꿨습니다.

◈ 칸트의 영구평화론

칸트는 영구평화론은 국제 조약의 형태로 작성되었습니다.

1장은 여러 국가가 영구평화를 실현하기 위해 반드시 해소해야 할 문제를 6개의 예비 조항에서 언급했습니다. 2장은 국가 간의 영구평화를 현실로 만들기 위한 3개의 확정조항을 말합니다.

영구평화의 방해물을 제거하기 위한 예비조항은 다음과 같습니다.

1. 장래에 있을 전쟁의 씨앗을 비밀리에 유보한 채 체결된 평화 조약은 결단코 평화 조약이라고 할 수 없다.
2. 독립하고 있는 국가는 승계, 교환, 매수 또는 증여의 의해 다른 국가에 의해 취득될 수 없다
3. 상비군은 시대의 흐름과 함께 완전히 폐기되어야 한다
4. 국가의 대외 분쟁과 관련해 국채를 발행해서는 안 된다
5. 어떤 국가도 다른 국가의 체제나 통치에 대한 폭력을 사용해 간섭해서는 안 된다
6. 어떤 국가도 타국과의 전쟁에 있어서 장래 평화 시에 있을 상호간의 신뢰를 불가능하게 만들 정도의 행위를 해서는 안 된다.

---

45 장동진·장휘, "칸트와 롤즈의 세계시민주의", 정치사상연구, 2003.9., pp.195~222.

칸트는 인간 사이의 평화 상태가 자연스레 찾아오는 것이 아니라고 보았습니다. 평화는 적극적인 노력을 통해 "만들어지지 않으면 안 된다"고 했습니다. 구체적인 영구평화를 만들기 위해 칸트는 아래의 확정조항을 제시합니다.

1. 각 국가의 시민적 체제는 공화적 체제여야 한다.
2. 국제법은 자유로운 제국가의 연방제에 기초를 둬야 한다.
3. 세계시민법은 보편적인 우호를 위한 제반 조건에 국한되지 않으면 안 된다.

출처: 임마누엘 칸트, 《영구평화론》 박환덕·박열 옮김, 범우사, 2013.

칸트의 영구평화론은 그동안 많은 비판을 받아왔습니다. 예비조항을 보면 현대 국가에서 사실상 받아들이기 어려운 것들이 대부분이죠. 국가의 생존이 오가는 국제 정치에는 비현실적이라는 평가도 많았습니다. 인간 이성에 대한 무한한 긍정과 신뢰를 바탕으로 쓰인 꿈 같은 이야기라고 말입니다.

하지만 클라우드 국가 시대에 칸트의 제안은 더 이상 비현실적인 이야기가 아닙니다. 클라우드 국가는 칸트가 꿈꿨던 세계시민의 토대를 제공합니다. 클라우드 국가의 주역이 될 디지털 노마드들은 지리적 경계나 인종에 의해 규정된 시민들이 아닙니다. 자신이 선택한 국가에 소속된 시민들입니다. 자유의지로 그 국가에 주권을 이양한다는 점에서 완벽한 사회계약이 이루어진 셈이죠. 이러한 국가의 시민들, 그리고 그 계약의 위임자인 클라우드 국가는 진정한 의미로 동등합니다. 시민들은 국가, 지역, 인종, 계급 등의 차이에서 나오는 권력 정치에서 벗어날 수 있습니다. 경제력, 군사력에 바탕을 둔 베스트팔렌 체제의 패권 경쟁은 무의미해집니다. 여러 클라우드 국가가 제시하는 가치와 사상에 따라 시민들은 자신이 속할 국가를 자유롭게 선택할 것입니다. 전쟁을 일삼고 권력 쟁탈에 치중하는 국가는 외면받겠지요.

AI 통번역이 가져올 언어 해방

언어는 국제 관계를 맺을 때 가장 중요한 수단이자 장벽입니다. 국제회의를 하다 보면 동시통역과 번역에 드는 비용이 상당합니다. 국제기구에서 엄청나게 지출되는 통번역 비용이 말 못할 고충이라고 합니다.

클라우드 국가의 시민은 태어난 곳도, 사용 언어도 다른 사람들입니다. 클라우드 국가의 가치와 비전에 공감해 모인 시민들이지요. 이들이 출생 국가, 인종, 지역을 뛰어넘는 소통을 하려면 원활한 의사 전달이 필요합니다. 다행히 자동통역기술이 일상생활에서의 대화나 강연, 회의 등 의사소통에 필요한 수준으로 발전하고 있습니다. 영화 〈승리호〉의 등장인물들은 모두 귀에 블루투스 통역기를 착용하고 있습니다. 국적이나 언어가 달라도 자유로운 소통이 가능합니다. 현재 인공지능을 이용한 자동통역기술은 마이크로소프트, 구글을 비롯한 테크 기업들이 주도하고 있습니다.

1996년, 유엔에서 문서 한 장을 만드는 데는 916달러(당시 환율로 약 73만 원), 회의 1회 개최에는 4,553달러(약 360만 원)가 소요되었다고 합니다.[46] 유엔 공식 언어인 영어, 프랑스어 등 6개 언어로 문서를 각각 만들고 회의는 항상 이들 언어로 동시통역해야 하기 때문이지요. 문서 작성 비용의 66퍼센트가 번역비, 회의 개최 비용의 93퍼센트가 통역비로 쓰였다고 합니다.[47]

유럽연합(EU)은 2006년 통번역 비용으로 11억 유로(약 1조 7,000억 원)를 사용했습니다. 각국 언어를 모두 공식어로 인정하는 EU 정책상, EU의 공식 언어는 23개였습니다. EU에서 새로 제정되는 법규는 23개 공식 언어로 번역을 마친 뒤에 발효됩니다.

EU 정상회의와 각료급 회의 등 주요 회의에서는 23개 언어 모두로 동시통역이 이뤄지다 보니 회의장에는 23개 언어마다 3명씩 무려 69명의 동시통역사들이 등장했다고 하네요.[48]

여기에 또 하나 중요한 행위자가 있습니다. 팬덤 커뮤니티입니다. BTS를 좋아하는 전 세계 팬덤은 자국의 언어로 BTS의 노래와 동영상을 번역하고 공유합니다. 다양한 문화상품을 거의 실시간으로 번역하고 공유하는 문화는 콘텐츠 커뮤니티에서 더 이상 새로운 이야기가 아닙니다. 팬덤 커뮤니티는 클라우드 국가의 시민으로 가장 유연하게, 그리고 자연스럽게 적응할 디지털 노마드들입니다.

---

46 중앙일보, "유엔서 문서 한 장 만드는데 73만원—예산적자 2억 달러". 1996.10.15

47 상동

48 중앙일보, "23개 모국어 모두 공식어 인정… EU 통·번역비 연 1조 7천억 원". 2008.4.14.

언어의 장벽에서 해방되어 자유로운 의사소통을 한다면, 차별과 편견을 넘어선 세계시민의 연대가 가능할 것입니다. 지리적 한계에 제약받지 않는 클라우드 국가 시민에게 글로벌 어젠다는 더 이상 남의 나라 문제가 아닙니다. 세계시민의 등장은 베스트팔렌 체제에서는 실현되기 어려웠던 진정한 평화의 시대를 열어줄지도 모릅니다.

◆ 자동통역기술의 진화

기존의 자동통역 시스템은 [그림 (a)]와 같이 음성인식 모듈과 자동번역 모듈을 각각 학습한 후, 시스템에 음성을 입력해 나온 음성인식 결과를 다시 자동번역 모듈로 입력해 최종 통역 결과를 얻는 구조였습니다. 이를 다단계 통역이라고 하는데, 이런 경우 음성인식 모듈의 오류가 자동번역 모듈로 전파되어 전체적인 통역 시스템 성능이 현저히 떨어졌습니다. 최근에 나온 [그림 (b)]의 종단형 통역은 인식과 번역 학습 모델을 하나로 통합함으로써 음성인식 오류 전파를 막고, 통역 속도도 개선되는 효과가 있습니다.[49]

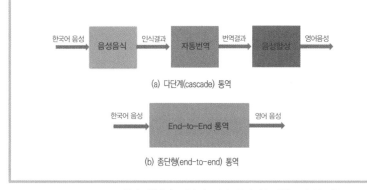

출처: 김상훈, "AI 기반 다국어 자동통역 기술 동향", 주간기술동향, 2021.2.3.

---

49 김상훈, "AI 기반 다국어 자동통역 기술 동향", 주간기술동향, 2021.2.3.

◪ 언어장벽을 없앤 글로벌 한류 플랫폼

언어 장벽을 없앤 팬덤 플랫폼도 등장했습니다. 2021년 5월 론칭한 '팬투 (FANTOO)'입니다. 1억 명의 한류 콘텐츠 유저들을 타깃으로 만들어진 이 플랫폼에서는 실시간 콘텐츠 번역 및 다국어 채팅이 가능합니다. 플랫폼에 모인 유저들의 활동을 학습하면서 AI의 자연어 처리 능력이 비약적으로 향상될 것이라고 합니다. 이 플랫폼에 참여하는 유저들의 활동은 콘텐츠에 대한 기여도에 따라 보상도 받을 수 있다고 합니다.[50]

---

50   IT 조선, "FNS, 한류플랫폼 'FANTOO' 앱 출시", 2021.5.17.

4장

클라우드 경제와 금융

'가상세계'
혁신이 불러올 경제 변화

　　클라우드 국가의 경제는 어떤 모습으로 진화할까요? 클라우드 국가는 디지털 혁신 속에 탄생한 초연결 네트워크 국가입니다. 초(超)디지털 국가의 경제가 어떻게 진화할 것인지는 클라우드 경제가 만날 새로운 기술과 그로 인한 변화를 통해 알 수 있을 것입니다.

　　클라우드 경제를 바꿀 두 가지 기술을 꼽으라면 블록체인과 가상경제 기술입니다. 블록체인은 정보 비대칭과 거래의 신뢰 문제를 해결할 잠재력을 가지고 있습니다. 나아가 블록체인 기술이 메타버스와 결합하면 우리 상상의 범위를 넘는 혁신을 만들어낼 것입니다. 이들이 펼쳐가는 클라우드 국가의 새로운 변화를 하나씩 따라가 봅시다.

실제 거래를 뒷받침하는 가상자산

디지털 기술의 발전은 '진짜와 구분이 되지 않는 가짜'를 만들 수 있습니다. 실제와 구분이 불가능한 위조 신분증 하나 만드는 건 이제 일도 아닙니다. 실물 신분증에 대한 믿음이 사라지면, 어느 순간부터 진짜 신분증은 더 이상 신분 확인의 역할을 할 수 없겠지요. 실물 신분증에 대한 신뢰성의 위기는 블록체인 기술로 해소될 수 있습니다. 블록체인 기반의 디지털 신분증, 즉 NFT로 만든 디지털 신분증만이 모두가 안심하고 받아들이는 세상이 도래할지도 모릅니다. 이렇게 되면, NFT 형태의 가상자산이 실제 현실의 작동을 지원하거나 가능하게 하는 역할을 담당하겠지요. 가상자산이 실제의 진실성을 확인하고 그 가치를 증명하는, 독특한 '실제적' 기능을 한다는 것입니다.

복제 불가능한 가상자산의 형태로 신분증이 발급된다면, 많은 경제 거래를 변화시킬 수 있습니다. 금융거래는 물론 일상적인 경제 거래도 획기적으로 간편해집니다. 신용카드도 필요 없습니다. NFT 신분증이 디지털 네트워크를 통해 은행 시스템과 연계되면 통장 이체도 즉시 가능할 것이기 때문입니다. 어쩌면 현재 다양하게 등장하는 각종 디지털 현금 또는 이머니(e-money) 시스템은 머지않아 NFT 신분증을 매개로 하는 지급결제시스템으로 대체될 수도 있습니다.

가상자산 형태의 신분증이 통용된다면, 지구 어느 곳이든 여권 없이 여행할 날이 곧 올 것 같습니다. 비행기 티켓팅, 출입국 절차 등 모든 것이 디지털 신분증으로 이루어지고, 세계 어디에서든 금융 시스템 접근이 가능해지면 여권과 카드 없이 여행할 수 있겠지요. 물론 모든 나라의 디지털 인프라가 비슷한 수준으로 진화한다는 전제가 필요하지만요.

상품 거래의 혁신

인터넷 베이스의 이커머스는 가상세계 플랫폼을 통해 면대면(face-to-face) 거래와 같은 모습으로 진화할 것입니다. 가상현실 기술이 단순히 거래 형식만 조금 업그레이드한 수준에 그친다면, 또 하나의 '값비싼' 도구에 불과할 것이며, 그리 큰 변화도 일으키지 못할 것입니다.

그러나 가상거래 플랫폼이 블록체인 기술에 의해 뒷받침되면 지금의 이커머스를 뛰어넘는 거래 혁신이 가능할 것입니다. 비대면 거래에서 가장 큰 난관은 여전히 정보 비대칭입니다. 스마트폰 화면에 보이는 상품의 진실성은 무엇으로 담보할 것인가. 현재의 이커머스 플랫폼이 이를 보장하는 방법은 여전히 한계가 있습니다. 그러나 블록체인 기술로 뒷받침되는 가상 플랫폼은 정보 비대칭 문제를 획기적으로 해결할 수 있습니다. 바로 상품 정보(생산자, 재료 원산지, 유통기한 등)를 NFT로 가상자산화함으로써 해결 가능하기 때문입니다.

상품 정보의 토큰화는 가짜 상품 거래를 원천 차단할 가능성이 있습니다. 이미 많은 기업이 자사 제품 정보를 토큰화하고 이를 물리적 제품과 연결하는 시스템을 개발해 활용하고 있습니다. 나이키가 대표적 사례입니다. 나이키는 운동화의 소유권을 추적하고 정품인지 확인할 수 있도록, 소비자가 한 켤레의 운동화를 구매하면 해당 운동화에 고유 인식표를 부여한 뒤 이를 NFT에 담는 기술을 활용하고 있습니다. 그리고 이 기술을 적용한 상품에 크립토킥스(Cryptokicks)라는 브랜드를 사용하고 있습니다. NFT에 기반한 정품인증 기능은 가짜 상품 유통을 억제하는 역할을 합니다. 이러한 기술을 폭넓게 활용한다면, 해외에서 한국 상품을 도용하는 '나쁜 시장'의 질서를 기업 스스로 해결할 수 있는 길이 열리는 것이지요.

부동산 거래의 혁신과 글로벌화

블록체인 기술을 활용한 실물자산의 NFT화는 복제와 위변조가 불가능한 디지털 인증서나 증명서 역할을 합니다. 디지털화가 상당히 진전된 한국 경제에서도 많은 거래가 아직 오프라인에서 이루어지고 있고, 또 중개자를 필요로 합니다. NFT는 이러한 거래의 디지털화를 완성할 것입니다.

부동산 거래에서는 소유권 증명과 변동 사항은 등기소 기록으로, 또 인감도장과 인감증명서, 다양한 중개자들의 조력을 통해 이루어집니다. 부동산 소유권과 변동 사항이 NFT로 토큰화된다면 등기소, 인감, 중개자 없이도 거래를 할 수 있겠지요. 이는 곧 부동산 거래가 순수한 개인 간 거래(P2P)로 전환될 수 있다는 것을 의미하기도 합니다.

토큰화된 부동산이 메타버스 플랫폼과 결합하면 거래의 신속성, 간편성이 크게 증가하는 것은 물론, 공간과 시간 제약에서도 벗어날 수 있습니다. 평창에 있는 전원주택을 독일인이 가상 부동산 거래 플랫폼을 통해 매수한다고 가정해봅시다. 부동산의 실재(實在) 여부, 소유자, 각종 권리관계 등은 NFT에 담긴 정보로 확인합니다. 또 메타버스로 주택의 실물을 꼼꼼하게 점검할 수 있습니다. 매수 후 소유권은 바로 토큰화되어 사이버 세계에 보관됩니다. 법 개정이 없는 한 NFT화 여부와 별도로 소유권 등기 변경이 필요할 것이므로, 사후적으로 이런 절차를 완결하는 것은 필요해 보입니다. 한국이 코로나19로부터 안전하다는 것을 알게 된 영국인은 이 독일인으로부터 평창의 전원주택을 똑같은 방법으로 사려고 할지도 모릅니다.

부동산의 토큰화와 메타버스의 융합은 부동산 시장을 큰 비용 없이 국제화할 것으로 보입니다. 평창의 전원주택이 메타버스를 통해 전 세계 시장에 매물로 올라갈 수 있으니까요. 국제 시장의 수요가 많다면 국내 부동산 시세보다 높은 가격에 매도할 수도 있을 것입니다.

자산의 토큰화와 가상거래 플랫폼의 융합이 보여주는 가능성은 동산 거래에도 적용될 수 있습니다. 특히 동산담보제도의 활용이 원활해질 수 있습니다. 과거 체제 전환국들의 경제거래제도 구축 방안으로 '동산담보제도'가 널리 권장되었고 실제로 도입이 이루어졌습니다. 대개 인터넷 베이스 등록 시스템이 많이 채택되었습니다. 그러나 동산담보제도는 생각만큼 활성화되지 못했습니다. IT 인프라의 미비와 신뢰성 문제 때문입니다. NFT와 가상 등기 시스템은 동산담보제도의 미비점을 보완할 것입니다.

자산 금융의 혁신

거의 모든 자산이 NFT로 토큰화된다면 자산금융이 혁신적으로 변할 수 있습니다. 모든 자산의 디지털 토큰화가 가능하다면 자산 유동화 과정이 획기적으로 단순해질 수 있기 때문입니다. 무엇보다도 NFT 자체가 거래 대상이 됩니다. 가장 단순한 단계의 유동화입니다. 다양한 지적재산권이 개별적으로 또는 포트폴리오 형태로 유동화도 가능해질 것입니다. 가상 경제 플랫폼과 만나게 되면 국경의 한계를 벗어나 글로벌 시장에서도 유통이 가능해집니다. 더욱 중요한 것은 이러한 자산의 토큰화는 개별 국가의 고유한 법률 환경에 거의 영향을 받지 않는다는 점입니다.

NFT 기반 자산금융이 메타버스와 만나면 탈중개화(dis-intermedation)는 물론, 나아가 '실물자산 기반의 탈중앙화 금융'이 활성화되는 계기가 될 수 있습니다. 1조 원 가치의 대형 오피스 빌딩이 NFT로 전환된 다음, 적절한 유동화 기구(예: 신탁)를 통해 10만 원 또는 100만 원 단위의 소액 증권으로 유통된다고 생각해봅시다. 나이키 운동화처럼 정품 확인은 물론 소유권 인증을 위해 필요하다면, 유동화된 소액증권 자체도 NFT로 가공될 수 있습니다.

NFT 기반 증권은 메타버스 세계에서 자유롭게 유통됩니다. 처음 유동화 단계를 제외한 이후의 과정에서는 중개기관의 도움 없이 유통이 이루어집니다. 탈중개화는 물론 부분적인 탈중앙화 금융이 이루어지는 셈입니다.

이러한 변화는 자산투자 대중화에 크게 기여할 것으로 보입니다. 대형 상업용 건물은 기관 투자가들의 전유물이었습니다. 이러한 대형 건물은 투자 금액이 커서 소액 투자자가 투자하기는 어렵습니다. 만약 대형 건물이 NFT로 가공되어 유통된다면 소액 개인 투자자에게도 투자 기회가 주어질 수 있습니다. NFT를 활용하면 자산 유동화 과정이 매우 간소화될 것입니다. 건물 소유자와 합의만 되면, P2P 시장에서 NFT를 활용한 유동화가 이루어질 수 있을 테니까요. 물론, 제도 변화가 뒷받침되기 전까지는 부동산 거래의 최종 완결을 위한 부수적인 법률 행위가 뒤따라야 할 것입니다. 부동산 거래가 NFT 기반의

P2P 시장에서 활발하게 이루어진다면 부동산을 개발하는 단계에서도 'NFT 기반 개발금융'도 가능할 것입니다.

수동적인 노동자에서 주체적인 생산자로

가상세계는 우리들의 일자리와 일하는 방식을 어떻게 변화시킬까요? 그것이 또 하나의 관심사입니다. 가상 경제에서는 1인 생산자의 네트워크로 형성된 '가상 공장'이 활성화될 수 있습니다. 미국의 한 자동차 회사는 그 가능성을 이미 증명해 보였습니다. '로컬모터스'라는 회사는 전 세계에 흩어진 1인 생산자들의 온라인 네트워크로 가상 공장 체계를 구현하고 있습니다. 제품 설계부터 완제품 조립까지 가상 공장에서 해내고 있습니다.[51][52]

네트워크형 가상 공장에서는 생산활동에 참여하는 인간이 더 이상 '일시적 노동자(gig worker)'가 아니라 '독립적 전문노동자(geek[53] worker)'가 될 가능성을 보여줍니다. 이런 현상은 고급 전문기술을 보유한 노동자뿐 아니라 비숙련 노동자에게도 가능할 것입니다. 더 이상 피고용자가 아니라 가상 생산 네트워크에서 자신의 선택에 따라 주체적으로 노동력 공급을 결정하고 생산 과정에서 필수적인 역할을 할 수도 있습니다. '취업'이 아니라 '창직'하는 주체가 되는 것입니다.

---

51 버츄얼토피아─메타버스가 여는 놀라운 세계, p.26.

52 중앙일보, "[혁신의 현장을 가다 | 로컬모터스] 자동차 제조에 오픈 이노베이션 도입", 2016.12.11. https://news.joins.com/article/20988141

53 geek은 'anyone excelling in knowlege or skill of a certain activity or subject'의 의미. '한 분야에서 열정을 다하는 전문가'라는 의미로 '일시적인 일'을 하는 gig과 다른 의미로 사용함.

일자리 시장의 혁신도 가능

자신의 경력, 학력, 전문기술 등을 기록한 이력서를 디지털 토큰화해서 일자리 시장에 참여한다고 생각해봅시다. 내가 주체가 되어 나를 일자리 시장에 내놓는 것이지요. 고용주는 대개 '갑'입니다. 고용주들은 특별한 첨단기술 인력시장이 아니면 완전경쟁 상황에 노출되지 않습니다. 일자리 시장의 불완전 경쟁과 '정보 비대칭'은 취업자에게 불리하게 작용합니다. 나의 가치를 비경쟁적 시장에서 평가하고 채용 여부가 결정됩니다. 만약 나의 디지털 이력서를 불특정 다수 잠재적 고용주들에게 경쟁적으로 검토할 기회를 제공한다고 생각해봅시다. 최소한 두 가지가 달라질 것입니다. 일자리를 찾는 탐색 비용이 절감될 것이고, 나를 진짜 필요로 하는 고용주를 만날 기회가 생길 것입니다. 메타버스 인력 시장은 국경이 없습니다. 전 세계 누구든 나를 필요로 하는 사람은 내 이력서를 검토할 수 있습니다. 이는 곧 더 넓은 시장에서 나의 가치를 평가받을 기회를 얻는다는 것을 의미합니다.

가상세계는 삶의 경험을 넓힌다

가상현실 기술이 활성화되면 우리 삶의 경험을 상상력이 미치는 경계까지 확장할 것입니다. 무엇을 '가지는 것'만큼이나 '경험하는 것'은 행복한 삶의 중요한 요소입니다. 경험의 폭을 가상세계로 확장하는 것은 행복한 삶을 만드는 기회도 확장한다는 의미이겠지요.

인공지능과 가상현실의 결합은 가상세계의 경험을 더욱 확장할 잠재력이 있습니다. 인공지능 기술은 인간이 가진 육체적 한계를 보완하고 지원하는 수준을 넘어 인간의 '생각'까지 보완할지도 모릅니다. 모든 생각의 실마리는 기억입니다. 기억하지 못하면 생각하는 것도 어렵지요. 기억의 저장고에서 이런저런 정보를 꺼내서 비교하고, 유추하고, 추론하면서 정교한 생각이 가능해지는 것입니다. 인공지능과 결합된 스마트 기술은 이런 기억과 추론 과정을 지원할 수 있습니다. 인공지능 기술이 가상현실 기술과 결합하면, 인간의 상상을 가상세계에서 실현할 수 있게 될 것입니다. 현실계에서 할 수 없는 것들을 가상세계에서 실험하고 체험하는 것입니다. 이러한 체험은 개인 차원에서 그치지 않을 것입니다. 인간의 상상력을 연료로 완전히 새로운 콘텐츠가 가상세계에서 만들어질지도 모릅니다. 엔터테인먼트 산업은 가상세계에 진입하면서 지금까지 본 적 없는 새로운 산업으로 진화해 나갈 것입니다. 과연 어떤 일이 가능할지 상상해봅시다.

가상소설 체험과 가상 리얼리티 쇼

누구나 한 번쯤은 소설 속의 주인공이 되고 싶다는 생각을 합니다. 가상현실구현 기술은 이러한 소망을 진짜로 만들어줄지도 모릅니다. 가상소설 체험은 영화나 드라마 속에서 나의 아바타가 등장인물 중 하나를 대신할 수 있도록 해줍니다. 최근 종영된 tvN 드라마 〈빈센조〉의 마피아 변호사 '빈센조 까사노' 역할을 내가 체험해보는 것이지요.

가상소설 체험에 대해 두 가지로 나누어 생각해봅시다. 하나는 우연성이 없는 경우입니다. 각본대로 이야기가 전개되는 것을 말합니다. 주인공과 다른 등장인물들 모두 각본대로 연기합니다. 여기서는 인기 영화나 드라마의 주인공 역할을 해본다는 재미 외에는 별다른 것이 없겠지요.

다른 하나는 아바타가 각본에 없는 방향으로 자유롭게 이야기를 끌고 가는 경우입니다. 주인공의 반응에 따라 등장인물들의 반응이 달라지면서 이야기는 어디로 갈지 알 수 없게 됩니다. 여기에 인공지능이 개입하면 재미를 더할 수 있을 것입니다. 인공지능이 주인공의 행동에 따라 다른 등장인물의 반응이 달라지도록 만드는 것입니다. 가상소설 체험은 인공지능 기술과 만나면서 우연적 소설 체험을 가능하게 해줄 것입니다.

가상소설 체험은 관객의 존재 여부에 따라 완전히 다른 체험으로 진화할 수도 있습니다. 내가 주인공(아바타) 역할을 하는 가상소설 체험을 다른 사람들이 본다면 어떻게 될까요? 특히 내가 자유롭게 이야기를 바꾸는 것이 가능한 체험이라면, 보는 사람들에게는 완전히 다른 소설을 보는 듯한 재미를 주게 됩니다. 일종의 '가상 리얼리티 쇼'가 되는 것이지요.

아예 기존 소설, 영화, 드라마가 아닌 '가상 리얼리티 쇼'도 등장할 수 있지 않을까요? 이야기를 이끌어가는 플롯과 갈등 구조는 만들어놓지만, 그다음부터는 가상의 주인공과 등장인물들에게 이야기 전개를 맡겨버리는 것입니다. 더 이상의 각본은 없습니다. 누구도 이야기가 어떻게 전개될지 알 수 없습니다. 각본 없는 소설이 만들어지고 체험할 수 있는 것입니다.

'이야기 가상자산'과 '이야기 거래소'

그 형태가 무엇이든 모든 '이야기'가 하나의 독립된 가상자산으로서 사이버 공간에서 자유롭게 거래될 수 있지 않을까요? 지금은 주로 이미지화된 것만 NFT의 대상이 되고 있지만, 이야기도 가상자산의 대상이 될 수 있을 것입니다.

좋은 각본을 만들었다면 영화 또는 드라마 제작사가 이를 채택해야 세상에 나올 수 있습니다. 작가와 제작사가 직접 계약을 해야 하고, 보상도 그 계약으로 이루어집니다. 만약 내가 만든 이야기를 가상자산으로 가공해 사이버 공간에서 공개적으로 거래한다고 생각해봅시다. 물론 전체 스토리를 모두 공개하지 않고 '줄거리(synopsis)'만 보여줍니다. 전체 이야기는 구매한 사람만 읽을 수 있습니다. 이야기 구매는 개인이 할 수도 있고 영화 또는 드라마 제작자도 할 수 있습니다. 영화로 제작된다면 이야기는 상당한 수익을 창출할 수도 있겠지요.

이야기 거래를 가능하게 하는 '이야기 가상자산'은 궁극적으로 작가와 출판사의 관계를 변화시킬 수 있지 않을까요? 한마디로 작가 스스로 공급자 역할을 동시에 수행한다는 의미입니다. 출판업과 작가의 역할 차이가 없어지는 것입니다. 기존 출판업의 생태계가 변하게 될 것입니다.

가상 경제 기술은 디지털 경제의 한계를 보완할 수 있다

승자 독식, 임시 노동자 양산 등 플랫폼 경제의 여러 가지 한계점이 지적되고 있습니다. 그런데 가상세계에서 블록체인이나 NFT가 적절히 융합해 디지털 경제의 부작용을 개선할 가능성이 있습니다. 플랫폼의 일방성도 완화될 수 있습니다. 가상 경제 플랫폼은 쌍방입니다. '보고, 따져보고, 협상하면서' 거래할 수 있습니다. 이러한 특성은 디지털 플랫폼에서도 구현할 수 있지만, 비용이 많이 들거나 사용하기 어렵습니다.

디지털 플랫폼이 주는 더 큰 문제는 불확실성입니다. 사용자는 전체 플랫폼의 운영이나 데이터 사용에 대한 통제권이 없으므로 '막연한 불안감'이 있습니다. 이런 불편함을 '당장의 편리함' 때문에 용인하는 것이라고나 할까요? 그런데 가상 경제의 쌍방성은 불확실성을 상당 부분 해소할 수 있습니다.

가상 경제 모형은 참여자의 이익을 공유하거나 보호할 수 있도록 설계가 가능합니다. 이 또한 가상 경제가 블록체인 기술과 결합해 가능한 것입니다. 소위 '프로토콜 경제' 모형이 그것입니다. 일정한 규칙(프로토콜)을 모든 참여자가 동의해 결정하고 플랫폼을 운영하면, 디지털 플랫폼의 한계를 보완할 수 있을 것입니다. 운영정책, 의사결정, 이익분배 규칙까지 모든 이해관계자가 공동으로 운영하는 게 가능합니다.

가상 경제 모형은 프로토콜을 더 투명하고 가시성 높은 형태로 진화시킬 수 있습니다. 참여권, 이익권, 의사결정권 모두 블록체인 기술로 뒷받침됩니다. 새로운 디지털 모형은 단순히 기존 모형을 단순한 가상 경제의 틀로 전환한 것 이상의 변화를 가져올 것입니다. 지금까지의 플랫폼 모형이 모두 프로토콜 모형으로 대체될지도 모릅니다.

가상현실 속 익명성과 개방성의 조화 가능성

플랫폼 경제가 개인정보보호 측면에서 도전받는 이유는 일방적인 데이터 수집·활용에 따른 불안감도 있지만, 빅데이터 기술(AI와 결합)로 인해 궁극적으로는 개인의 특정화가 가능하다는 불안감이 한몫합니다.

가상현실 기술은 이러한 불안감을 해소하는 길을 제시합니다. 예컨대, 아바타를 설정하고 이를 가상 경제 플랫폼에서 '나' 대신 활동 할 수 있도록 만듭니다. 단, 가상 주체와 '나'의 일대일 매칭은 블록체인 기술로 보호하고 암호화됩니다. 가상세계에서 이루어지는 행위의 법률적 결과가 궁극적으로는 '나'에게 돌아오는 것이므로 가상 주체와 '나'의 관계는 일의적으로 정의되어야 하고 확인 가능해야 합니다. 현실세계에 없는 사람이 가상 주체로 등장하는 것은 차단해야 합니다. 그렇지 않으면 가상현실은 그야말로 '가짜들의 온상'으로 변해버릴 테니까요. 가짜도 방지하고 나의 익명성도 보장한다면, 개인정보보호의 의구심을 유발하는 기존 플랫폼의 한계를 극복할 수 있을 것입니다.

블록체인과 결합한 가상현실이 새로운 문명 창조

디지털 경제의 한계는 중앙화와 집중화를 심화할 수 있다는 점입니다. 하나의 운영자가 다른 경쟁자를 모두 제거해버리면 무슨 일이든 할 수 있을 것입니다. 이러한 불안감은 어느 시대, 어느 사회에서나 존재했습니다. 디지털 혁명이 새로운 경제성장과 문명을 창조할 잠재력이 있음에도 은근한 저항을 불러오는 것도, 디지털 경제가 가진 '누아르'적 속성 때문입니다.

가상 경제와 블록체인 기술의 결합은 탈중앙화·분권화를 촉진할 수 있습니다. 일정한 규칙에 따라 모두가 참여하고 함께 결정하면서도 시스템의 통합성, 효율성을 저해하지 않는다는 점은 매우 매력적입니다. 이러한 모형이 사회 단체 또는 국가 운영에도 폭넓게 적용될 수 있다면 사회, 정치 질서에도 새로운 변화의 바람을 몰고 올 수도 있습니다.

모두가 같은 자격으로 의사결정에 참여한다는 의미에서 '직접 민주주의'가 디지털로 실현될 수 있습니다. 이뿐이 아닙니다. 사회의 공동선을 실현하기 위한 규범을 만드는 과정에 모두가 참여하고, '누구도 압도하지 못한다(non-dominance)'는 원리를 지킨다면, '공화주의'의 온전한 모습을 실현할 수 있을 것입니다. 공화주의와 디지털 기술의 만남, 즉 '디지털 공화주의'가 클라우드 국가의 새로운 정치 원리로 자리 잡을 수 있을 것입니다.

금융의 처음 모습 '클라우드 뱅크'

금융하는 인간

요즘 지갑에 현금을 가지고 다닐 일이 거의 없습니다. 시장의 반찬 가게에서도 삼성페이를 쓰고, 당근마켓에서 처음 보는 이와 물건을 사고 팔 때도 그 자리에서 스마트폰으로 거래합니다. 바야흐로 지금은 금융의 시대입니다.

자주 사용하는 말이지만 금융의 정확한 뜻은 무엇일까요? 중학교 사회 교과서에는 금융의 의미를 다음과 같이 쉽게 풀이해놓았습니다.

"금융은 돈을 필요로 하는 사람에게 자금을 원활하게 공급해 경제활동이 지속적으로 이루어지게 하는 활동이다."

그래서 금융의 한자가 화폐를 의미하는 '금(金)'과 '유통하다'의 뜻을 지닌 '융(融)'인가봅니다.

가장 가까운 금융, 은행

다양한 금융 회사 중 전통적인 금융 기능을 하는 곳이 은행입니다. 서민과 가장 가까운 금융 회사이기도 하지요. 은행은 여윳돈이 있는 사람에게는 예금을 받고, 돈이 필요한 사람에게는 대출을 합니다. 그리고 예금과 대출의 금리 차이(예대 마진)를 수익의 기본으로 삼아 은행을 경영합니다.

이런 금융의 참여자인 개인은 '예금'으로 때로는 '대출'로 은행과 '금융'하면서 경제활동을 지속합니다. 따라서 개인이 경제활동을 잘하려면 은행과 금융하는 방법을 잘 알고 활용하는 것이 중요합니다. 클라우드 국가에서도 다양한 형태의 금융이 필요하겠지만, 뭐니 뭐니 해도 기본은 은행입니다.

은행은 누구를 위해 존재하는가?

그런데 지금 우리는 어떤가요? 은행을 직접 가든, 모바일뱅킹을 하든 이런 생각이 들지 않나요?

- '내 대출한도는 왜 이것밖에 안 되는 거야.'
- '저금리 시대라면서 대출 금리는 왜 이렇게 높아!'
- '예금 이자가 쥐꼬리만 하네, 요즘은 예금에 이자가 있는지도 모르겠어.'
- '뭐가 이렇게 복잡해, 느려서 속 터지겠네.'

이런 생각들 말이지요. 그러다 보니 '은행은 엄청난 돈을 버는데 은행과 거래하는 나는 왜 계속 가난할까?' 하는 궁금증이 듭니다.

은행의 주인은 누구인가?

이런 의문의 답은 은행의 기업지배구조(corporate governance)에서 찾을 수 있습니다. 현재 한국의 빅5 은행은 모두 '금융지주회사'라 불리는 사(私) 기업입니다. K은행, S은행, H은행, W은행, N은행 등 이름만 대면 다 알 만한 은행들이죠. 사기업이므로 주주이익의 극대화를 목표로 운영됩니다.

이런 은행들의 특징은 돈이 되는 부자에게는 한없이 관대하고, 돈이 안 되는 서민에게는 가혹하다는 것입니다. 신용등급이 낮거나 담보가 없는 사람에게 은행 대출 문턱은 높기만 합니다. 대출 금리는 빛의 속도로 올리면서 예금 금리 올리는 속도는 거북이 걸음인 것만 봐도 알 수 있지요. 이런저런 이유로 서민들이 많이 거래하는 은행 영업점은 흑자이지만, 부자 고객을 대상으로 한다는 은행의 PB[54] 센터는 적자인 경우가 많습니다.

---

54 'Private Banking'의 약자. 개인고객의 다양한 수요를 충족하는 금융 서비스로, 주로 거액의 재산을 보유한 고소득층의 부호들을 대상으로 하는 맞춤 서비스를 뜻한다. 이들에게 자산운용 컨설팅을 해주는 금융 포트폴리오 전문가(private banker)를 의미하기도 한다. (시사경제용어사전, 2017.11., 기획재정부)

은행이 이익을 많이 내는 이유

2020년 우리나라 5대 은행(K, S, H, W, N은행)이 벌어들인 영업이익의 합은 15조 정도입니다. 한 은행당 평균 3조 원가량의 이익을 낸 셈입니다. 이익 규모도 그렇지만, 더 놀라운 건 매년 꾸준히 증가한다는 것입니다. 그런데 이만큼 막대한 이익을 내는 이유가 무엇일까요? 시장경쟁의 측면에서만 본다면 은행이 가진 독과점적 지위가 답이 될 수 있습니다. 외환위기 이후 통폐합을 통해 살아남은 소수의 은행이 그동안 크게 성장한 한국의 금융시장을 나눠 먹고 있는 상황입니다. 경제 규모와 금융 수요가 커지는 데 반해, 은행은 독과점 시장을 형성해 높은 수수료로 수익을 올리고 있다는 말입니다.

▌ 5대 시중은행 영업이익 추이 (2016~2020년)

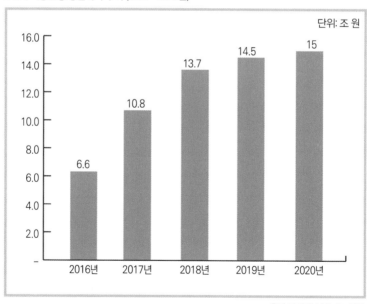

출처: 각 은행 실적 자료 취합.

클라우드 국가의 '클라우드 뱅크'

우리가 새로운 은행을 하나 만들면 어떨까요? 불합리했던 기존의 은행거래를 해소하기 위해서 말이죠. 잘 운영될수록 거래하는 우리도 함께 이익을 누릴 수 있는 은행을 만드는 겁니다. '클라우드 국가'에서 우리가 원하는 '클라우드 뱅크'를 만드는 것입니다.

우리가 참여해서 만드는 클라우드 뱅크는 클라우드 국가의 원형을 따라 클라우드 컴퓨팅의 장점을 활용합니다. 은행이 중개자인 '복잡하게 연결된 고비용 구조'는 버립니다. 블록체인 상에서 거래 당사자를 직접 연결해 거래하는 것이지요. NFT[55]를 활용하는 단순한 구조로 비용을 줄여 이익을 내거나, 이 이익을 바탕으로 더 많은 서비스를 제공할 수도 있습니다 .

클라우드 뱅크의 포지셔닝

은행이 하는 '금융'이라는 측면에서 보면, 클라우드 뱅크의 포지셔닝은 인터넷 은행과 디파이(DeFi)의 중간 어디쯤일 것 같습니다. 오프라인 채널이 없기 때문에 기존 은행과는 완전히 구분됩니다. 인터넷 은행과는 유사한 속성을 공유하면서도 근본적으로는 디파이에 더 가깝습니다.

---

55 '대체 불가능한 토큰(non-fungible token)'이라는 뜻으로, 희소성을 갖는 디지털 자산을 대표하는 토큰을 말한다. NFT는 블록체인 기술을 활용하지만, 기존의 가상 자산과 달리 디지털 자산에 별도의 고유한 인식 값을 부여하고 있어 상호 교환이 불가능하다는 특징이 있다. (시사상식사전, pmg 지식엔진연구소)

■ '금융'의 관점에서 본 클라우드 뱅크의 포지셔닝

❌ 디파이(DeFi)=탈중앙화(Decentralize)+금융(Fiance)

• 탈중앙화된 금융 시스템
  – 오픈소스 소프트웨어와 분산된 네트워크를 통해 중앙기관의 통제를 받지 않는 금융 생태계.
  – 디파이의 핵심 원칙: 상호 운용성 및 오픈소스, 접근성 및 재정적인 포용, 재정 투명성.

• 기존 금융 체계와 다른 점
  – 은행, 증권사, 카드사가 없어도 인터넷 연결만 되면 다양한 금융 서비스를 이용할 수 있음.
  – 디파이는 거래 기록을 특정인이 임의로 삭제할 수 없고, 자유로운 프로그래밍이 가능한 장점이 있으나, 확장성 면에서 해결해야 할 문제가 있음. 그러나 무한한 잠재력을 가지고 급성장해서 금융의 판도를 바꿀 수 있을 것으로 전망.

출처: 헥슬란트, etnews(예금보험공사 블로그 재인용).

클라우드 뱅크가 인터넷 은행과 다른 점

몇 년 전 인터넷 은행이 출현했습니다. 오프라인 영업점이 없는 대신 스마트폰으로 거래하는 새로운 형태의 은행입니다. 특히 카카오뱅크는 친숙한 캐릭터와 편리한 모바일 서비스로 급격하게 성장했습니다.

하지만 이들 인터넷 은행은 기존 은행의 개인 고객 서비스를 편리한 온라인 공간으로 이동시킨 것을 제외하면, 기존의 은행과 별반 차이가 없어 보입니다. 프로세스를 간소화하고 사용자의 편의성을 높인 모바일 인터페이스를 도입했다는 정도입니다. 기존 은행처럼 여전히 소수의 대주주 이익을 위한 정책을 펴고 있습니다. 인터넷 은행 고객은 수익을 올리기 위한 객체에 불과한 것이 현실입니다. 전면적인 온라인 거래를 통해 절약한 영업점 유지비용도 고스란히 대주주의 몫으로 돌아갈 것입니다.

▌ KOO 뱅크 지분율 현황

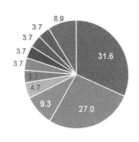

- (주)카카오
- 한국밸류자산운용
- 국민은행
- 한국금융지주
- 넷마블
- 서울보증보험
- 우정사업본부
- 이베이코리아
- Skyblue
- 기타

출처: KOO뱅크 홈페이지, 2021년 6월 30일 기준.

인터넷 은행은 기술의 진보로 생긴 이익을 인터넷 은행 고객과 공유하는 것도 전혀 없습니다. 기존 은행의 인터넷 축소판에 불과하지요. 이에 반해 클라우드 뱅크는 플랫폼 금융을 통한 이익을 이해관계자와 공유합니다. 클라우드 뱅크는 주주를 비롯한 이해관계자 모두가 오픈된 온라인 공간에서 수평적으로 의사결정에 참여한다는 점도 수직적 조직체계를 가진 기존 은행과 다른 차별점입니다.

클라우드 뱅크와 디파이

최근에는 탈중앙화 금융(Decentralized Finance, DeFi)이라는 개념이 등장했습니다. 줄여서 디파이(DeFi)라고 부르는데요, 블록체인 네크워크 위에서 작동하는 금융 애플리케이션 생태계를 말합니다. 디파이는 중개자 없이 거래를 할 수 있어 거래비용이 낮다는 장점이 있습니다. 하지만 속도와 숙달되지 않은 사용자의 오류 위험[56] 등 개선할 점이 많은 것도 사실입니다. 이런 점을 고려하면, 우리가 만들려는 클라우드 뱅크의 현실적 포지셔닝은 인터넷 은행과 디파이 사이입니다. 물론, 완전한 디파이로 이전되지 못한 중간단계 정도일 것입니다. 디파이가 정착되면 개인과 개인이 자유롭게 금융거래를 하겠지만, 그런 상황이 오기 전인 과도기 상태에서도 금융은 계속됩니다. 클라우드 뱅크는 디파이의 기술적인 장점을 기존 인터넷 은행의 플랫폼과 결합한 금융 비즈니스 모델입니다.

---

56 DeFi 애플리케이션은 중개자가 따로 없기 때문에 사용자가 거래의 책임을 모두 감당해야 하는데, 숙달되지 않은 사용자가 사용(예를 들어 거래 내용 전송 등)할 때 부담해야 하는 위험이 크다.

이해관계자 이익을 존중하는 클라우드 뱅크

클라우드 뱅크는 지배구조와 이익배분 방식에 있어서 프로토콜 경제와 맥이 닿습니다. 클라우드 뱅크가 지향하는 프로토콜 기반 네트워크는 그 자체로 탈중앙화되어 있습니다. 엄밀하게 말해서 일반 주식회사와는 다른 지배구조를 가집니다. 창업자도 없고 한 사람이 절대적 권한으로 독단적 의사결정을 하지도 않습니다. 당연히 이익 분배도 주식을 보유한 비율에 따른 것이 아니라, 직원이나 주주 또는 거래 당사자들에게도 이익을 분배할 수 있습니다. 금융의 플랫폼화를 추구하면서도 탈중앙화를 통해 현재 플랫폼 기업이 가진 한계도 극복할 수 있습니다. 새로운 지배구조와 이익분배구조를 추구하는 것이 클라우드 뱅크입니다.

이미 기존의 플랫폼 기업 중에서도 비즈니스에 기여한 이해 당사자들에게 주식을 배분하는 움직임이 일어나고 있습니다. 플랫폼 기업인 에어비앤비(Airbnb)가 대표적 사례입니다. 지급해야 할 비용 대신, 회사의 주식을 지급하는 등 다양한 방법을 모색 중입니다. 회사가 발행하는 토큰의 형태로 대체될 수도 있습니다(이미 2020년 말에 SEC[57]에 제출한 파일에는 토큰화/암호화폐 적용 가능성을 명시했습니다). 에어비앤비의 사례에서 알 수 있듯이 기업의 지배구조와 이익분배 방식이 바뀌어야 새로운 세상에서 생존할 수 있다는 점에 주목해봅니다.

요즘 은행들이 주목한다는 BaaS(Banking as a Service, 서비스로서의 뱅킹)라는 것이 있습니다. 쉽게 말해, 은행이 가진 데이터나 서비스를 핀테크

---

57 SEC(Securities and Exchange Commission): 미국 증권거래위원회. 미국 자본시장의 질서 유지 및 규제를 위해 증권거래법에 의거 1934년에 설립된 증권감독관청. (매경시사용어사전)

기업들에게 팔겠다는 것입니다. 내가 동의만 하면 한 은행의 앱에 들어가서도 다른 은행이나 증권사의 계좌를 조회할 수 있는 오픈뱅킹이 이런 유형입니다. 핀테크 앱 하나만 있으면 은행, 증권사, 보험사의 계약을 거의 다 조회할 수 있는 마이데이터 사업도 같은 경우입니다.

그런데 한 가지 의문이 있습니다. 고객인 내가 동의를 했다고는 하지만, 내 데이터로 돈을 버는데 그 수익이 나에게는 한 푼도 돌아오지 않는다는 겁니다. 돈을 버는 원천이 내 거래 내역, 잔고, 투자 습관 같은 것인데도 말이죠. 클라우드 뱅크는 이런 부분에서도 기존의 은행과는 다르게 행동합니다. 데이터를 제공한 고객들에게 이익을 정당하게 공유합니다. 이것이 클라우드 뱅크의 가치입니다.

시드머니는 크라우드 펀딩으로

클라우드 뱅크 설립을 위해 필요한 돈(seed money)은 어떻게 마련할 수 있을까요? 클라우드 국가의 운영 원칙을 따라 크라우드 펀딩으로 마련할 수 있습니다. 크라우드 펀딩에서 기존의 화폐 이외에도 다양한 디지털 자산으로 펀딩에 참여할 수 있습니다. 클라우드 뱅크는 금융 회사이지만, 주주의 이익만을 대변하는 기존의 주식회사와 다릅니다. 클라우드 뱅크에 참가하는 이해 당사자(출자자, 예금자, 대출자 등) 모두가 이익을 공유하는 개방형 협동조합 요소도 상당히 많이 가지고 있습니다.

클라우드 뱅크의 경영 방식

클라우드 뱅크를 운영하기 위해 결정해야 할 것들이 많을까봐 걱정이 되나요? 클라우드 뱅크에서는 경영진이 미리 정해놓은 경영 방침이나 가격정책 같은 것이 없습니다. 무엇을 할 것인지, 금리는 어떻게 결정할 것인지를 먼저 온라인 토론으로 정합니다. 대출 금리를 얼마로 할지, 예금 금리를 얼마로 할지, 심지어 누구를 클라우드 뱅크의 대표로 할지도 모두 온라인 토론으로 결정합니다. 초기 시드머니에 펀딩한 사람, 클라우드 뱅크 거래에 참여하는 사람 누구나 토론에 참여할 수 있습니다. 적법한 참여자인지를 확인하는 증명이 필요하겠지만, 이미 클라우드 국가에서 활동하는 사람들은 자신을 증명할 수 있는 수단을 갖추고 있습니다. 거기에 더해 펀딩과 거래 기록만 보유하고 있으면 확인은 별로 어렵지 않습니다.

최종 의사결정은 이해관계인[58] 총회에서 이루어지는데, 가상공간에서 만나기 때문에 시공간의 제약 없이 바로 실행이 가능합니다. 금융 전문가의 분석이나 조언이 필요한 사안은 이해관계인 중의 전문가가 조언을 할 수도 있습니다. 더 발전한다면 AI 기술이 해당 사안에 대한 의견 정리와 조율을 할 수도 있겠습니다.

클라우드 뱅크의 존재 이유

클라우드 뱅크는 은행이 '금융하는 은행'의 처음 모습으로 돌아가

---

58 이해관계인(利害關係人): 특정한 사실에 관하여 법률상의 이해를 가진 자를 말한다. 즉, 그 사실의 여하에 따라 이미 보유하고 있는 자기의 권리·의무에 직접적인 영향을 받는 자다(민법 제22, 27, 44, 63, 963조). [네이버 지식백과](법률용어사전, 2016.1.20., 이병태)

는 데 의의가 있습니다. 금융이 경제활동을 잘 하도록 돕고 금융하는 은행이 돈을 벌어 이해 당사자 모두가 이익을 공유하는 것이지요. 공화주의 정신을 경제적인 측면에서 구현하는 것입니다. 시장경제에서 주주의 이익을 침해한다고 반론을 제기할 사람도 있을 것입니다. 하지만 주주의 몫은 주주에게, 이해 당사자의 몫은 그들에게 돌려주자는 것이 공화주의를 표방하는 클라우드 뱅크의 존재 이유입니다.

클라우드 뱅크가 만드는 '금융하는 세상'을 꿈꿔봅니다. 금융 이익을 '이해 당사자(주주, 직원, 거래고객 등)'가 공유하면서 '이웃'으로 함께 살아가는 모습을 그려봅니다. 인간으로서의 삶을 유지하는 최소한의 경제력을 공유하면서, 금융을 통해 클라우드 국가의 일원으로 살아가는 자유로운 삶을 상상해봅니다.

우리가 만들어가는 클라우드 뱅크는 금융에 참여하기만 해도 클라우드 뱅크 성장의 과실을 함께 누릴 수 있습니다. 꼭 클라우드 뱅크의 주주가 될 필요도 없습니다. 공덕시장의 반찬가게 사장님도, 금천구 어딘가에서 일하는 스타트업 창업자도 함께 만들어가는 클라우드 뱅크의 미래를 함께 그려봅시다. 세상을 변화시키는 '클라우드 뱅크'를 만드는 데 동참하시겠습니까?

5장

새로운 위협과 도전들

알고리즘의 편향성과 횡포

알고리즘은 가치중립적일까?

미래에 터미네이터 같은 살인 로봇이 등장해 인류를 전멸시킬까 두려운가요? "우리가 진정 두려워할 것은 인공지능의 알고리즘 편향이다." 구글의 AI 부문을 총괄하는 존 지아난드레아가 인간과 인공지능의 시스템 관계를 묻는 기자의 질문에 답한 말입니다. 그는 "우리가 인공지능 시스템을 구축하는 데 활용하는 훈련 데이터를 투명하게 공개해, 그 안에 숨겨진 편향을 찾아내는 것이 중요하다"며 "그렇게 하지 않을 경우 우리는 편향된 시스템을 구축하게 될 것"이라고 강조했습니다.[59]

이미 사람들은 자산관리를 사람이 아닌 인공지능에게 맡길 정도로 기술에 신뢰를 보내고 있습니다. 불확실하고 예측이 어려운 문제

---

59 MIT Technology Review.(2017.10.3.) "Forget Killer Robots—Bias Is the Real AI Danger". https://www.technologyreview.com/2017/10/03/241956/forget-killer-robotsbias-is-the-real-ai-danger/ , accessed 5, July, 2021.

일수록 인공지능이 더 정확하게 전망할 것이라고 믿는 것이죠. 때로는 인공지능이 '사심 없는' 가치중립적 판단을 내려줄 것이라 믿으며 기술의 권위에 기대곤 합니다. 정말 인공지능은 우리가 전적으로 신뢰할 수 있는 시스템일까요? 클라우드 국가를 가능하게 하는 기술 가운데 인공지능은 인간의 가치판단과 의사결정까지도 대신할 수 있습니다. 그렇기에 그 안에 존재하는 편향을 면밀하게 주시하고 끊임없이 질문을 던질 필요가 있습니다.

편견과 차별의 증폭

우리는 스스로가 불합리한 존재라는 것을 압니다. 끼니를 거르고 백화점에 간다면 충동구매를 할 확률이 높습니다. 외모가 준수한 사람이 말을 하면 더 믿음이 갑니다. 방대한 데이터를 분석해 과학적으로 판단을 내려주는 인공지능의 결정이 사람의 결정보다 더 믿음직스러운 이유입니다. 이 때문에 기업들은 서둘러 인공지능을 경영에 도입하고, 채용부터 성과관리, 직무 교육까지 다양한 방면에 활용하고 있습니다.

그렇다면 '편협한' 면접관보다 인공지능은 기업에 더 적합한 인재를 뽑을까요? 아마존은 2018년 4년간 개발해오던 인공지능 인재 채용 프로그램을 폐기했습니다. 프로그램이 여성에게는 낮은 점수를 주는 성차별 편향을 보였기 때문입니다. 알고리즘을 만드는 데 활용된 것은 10년간 축적된 아마존의 인력 데이터입니다. 기술 기업의 특성상 남성 직원의 비율이 훨씬 높은데, 이것이 알고리즘 개발 과

정에서 반영된 것으로 추정됩니다.[60]

미국의 많은 주정부들 역시 주관성을 배제하고 합리적인 판단을 내리기 위해 형사 사법 알고리즘을 도입하고 있습니다. 대표적으로 사용되는 것이 노스포인테(Northpointe)라는 회사에서 만든 콤파스(COMPAS) 시스템으로, 재소자의 재범 가능성 등을 판단합니다. 판사들은 재소자의 가석방 승인 여부를 결정하는 데 이 시스템을 활용했습니다. 2016년에 미국의 언론 기관인 프로퍼블리카(ProPublica)가 콤파스와 동일한 조건으로 실험을 했는데, 흑인이 백인 피고인보다 위험성이 높은 것으로 나타났습니다.[61] 이미 많은 실험을 통해 알고리즘이 소수인종이나 여성에게 차별적이라는 사실이 드러나고 있습니다.[62]

알고리즘이 편향성을 보이는 것은 개발에 활용되는 데이터가 편향됐기 때문인데, 문제는 알고리즘이 데이터의 편향성을 증폭한다는 데 있습니다. 요리하는 사진을 취합해 조사했더니 여성이 남성보다 33퍼센트 더 많이 등장하는 것으로 나타났습니다. 이 자료들을 바탕으로 훈련된 알고리즘의 결과는 어땠을까요? 주방과 여성을 연결하는 결과가 68퍼센트로 높아졌습니다.[63] 현실세계에서의 작은 차이가 알고리즘으로 증폭되는 것을 볼 수 있습니다. 편향성이 커진 알고리즘에 근거해 세상을 보고 판단을 내린다면 개인들이 갖고 있

60 Reuters (2018.10.11.), "Amazon scraps secret AI recruiting tool that showed bias against women". https://www.reuters.com/arti

61 Electronic Privacy Information Center, "AI and Human Rights: Criminal Justice System". https://epic.org/ai/criminal-justice/index.html, accessed 2, July, 2021.

62 MS, Facebook 등 기업들의 얼굴 인식 프로그램은 흑인과 여성에 대해 낮은 인식 성능을 보였고, 구글포토 카메라 앱은 흑인을 고릴라로 인식해 파장을 일으켰다.

63 Perez, C.C.(2019). Invisible women. Abrams Press.

던 편향된 신념이나 세계관이 더욱 강화될 것입니다.

알고리즘이 만드는 '우물 안 개구리'

알고리즘이 개인의 성향에 맞는 콘텐츠를 지속적으로 추천하면서 개인은 기존에 갖고 있던 신념을 강화하고 자신과 다른 생각이나 의견을 들을 기회조차 박탈되는 경우가 많습니다. 정보 홍수의 시대에 인공지능이 개인비서처럼 각자 좋아할 만한 콘텐츠를 추천해주는 것은 꽤나 편리하지만, 한편으로는 확증편향을 키울 수 있습니다.

동갑내기 가상 인물 '진보'와 '보수'에게 각각 진보 영상과 보수 영상을 매일 한 시간씩 시청하게 한 후 노출되는 추천 영상을 분석했더니 각자가 선택한 이념 성향으로 수렴됐고, 시간이 지날수록 이념 편향성이 심한 채널이 추천됐습니다.[64] 이용자들이 추천 영상만을 따라간다면, 유사한 생각을 가진 사람들하고만 소통하거나 자신이 좋아하는 내용의 콘텐츠만을 편식하게 되는 '에코 체임버(echo chamber)'나 편향된 정보에 갇히는 '필터 버블(filter bubble)'에 빠질 것이라는 우려가 과장이 아닙니다. 이용자들의 편향성을 더욱 강화할 가짜 뉴스의 리스크도 도사리고 있습니다.

---

64 국민일보, "추천영상만 따라 간 1주일… '빠'와 '까'의 광장에 초대됐다", 2020.12.14.

✖ 에코 체임버(echo chamber)

'메아리 방'이라는 의미의 에코 체임버는 특정 성향의 개인이 같은 성향의 콘텐츠만을 소비하고 인터넷 사이트 역시 그 개인이 좋아할 만한 콘텐츠만을 제공함으로써 확증편향이 일어나는 상황을 묘사하는 용어입니다. 서로 간의 메아리만을 듣게 되는 상황에 비유해 미국의 법학자 캐스 선스타인이 이 용어를 사용했습니다.

✖ 필터 버블(filter bubble)

사용자의 입맛에 맞게 필터링된 정보만 제공됨으로써 알고리즘이 만들어낸 정보가 거품처럼 사용자를 가둬버린 상황을 일컫는 말입니다. 미국의 시민단체 무브온(MoveOn)의 이사장 엘리 프레이저가 사용한 용어입니다.

클라우드 국가가 추구하는 '세계시민주의'의 미덕은 모두가 공정한 기회를 얻고, 가치를 창출해내며, 다양한 의견이 존중받는 데 있습니다. 그러나 극과 극으로 쪼개지고 파편화된 환경에서는 그런 가치가 만들어지기 어렵습니다. 하버드대학의 경제사학자인 니얼 퍼거슨 교수는 그의 저서 《광장과 타워》에서 "지금은 방대하고 새로운 네트워크들이 가능해졌지만, 과거의 네트워크들처럼 위계적 구조를 갖고 있어 과잉으로 연결된 소수의 허브들이 드문드문 연결을 맺고 있는 다수의 노드들의 머리 위 높은 곳에 위치하고 있다"고 역설했습니다.[65]

---

65 니얼 퍼거슨, 《광장과 타워》, 홍기빈 옮김, 21세기북스, 2019.

소수의 독점적 플랫폼이 만들어놓는 세상에서 다양성의 가치는 훼손될 것입니다. 검색엔진으로 시작한 구글은 유튜브를 인수해 세계 최대의 동영상 플랫폼을 소유했고, 이 밖에도 설립 이래 130건이 넘는 인수합병을 통해 전방위로 영향력을 키워왔습니다. 페이스북, 애플, 아마존, 마이크로소프트 등 거대 테크 기업들의 영향력과 시장지배력은 빠르게 커지고 있습니다. 디지털 혁명이 다양한 소수들에게 더 많은 기회를 줄 것이라는 기대와 다르게 흘러갑니다. 소수 플랫폼의 의도가 반영된 알고리즘에 따라, 인류의 대부분이 소수 지배자가 원하는 방향으로 생각하고 행동하게 될 것이라는 디스토피아적 경고를 가볍게 흘려버릴 수는 없습니다.

인간의 어리석음을 배우는 알고리즘

"쓰레기를 넣으면 쓰레기가 나온다(Garbage in garbage out)."

터무니없는 입력 데이터를 넣으면 생각지도 못한 출력물이 나오는 상황을 설명할 때 자주 쓰는 표현입니다. 알고리즘의 편향성은 기술의 문제가 아니라 인간이 집어넣은 데이터의 결과물일 뿐입니다. 우리는 MIT가 창조한 사이코패스 인공지능 '노먼(Norman)'을 통해 인간이 입력한 데이터들이 괴물을 만들어낼 수 있음을 보았습니다.

노먼은 세계적인 스릴러 감독 알프레드 히치콕 감독의 대표작 〈싸이코〉에 등장하는 연쇄 살인범의 이름입니다. 연구진은 인공지능에

왜 이렇게 섬뜩한 이름을 붙였을까요? 노먼은 편향된 데이터가 기계 학습 알고리즘에 어떤 영향을 미치는지 보기 위해 개발됐습니다. 연구진은 노먼에게 뉴스사이트 '레딧(Reddit)'에서 끔찍하게 죽은 사람의 이미지를 찾아 학습시켰습니다. 이후 좌우 대칭의 잉크 얼룩을 해석해 인격을 진단하는 로르샤흐 잉크 얼룩 검사(Rorschach Inkblots Test)를 일반적인 AI와 노먼에게 시행해봤습니다. 결과는 충격적이었습니다.

노먼은 모든 얼룩을 살인, 자살, 교통사고와 같은 부정적인 죽음으로 묘사했습니다. 일반 인공지능이 '우산을 들고 있는 사람'을 떠올린 잉크 얼룩을 보고 노먼은 '총 맞은 남자와 비명을 지르는 그의 아내'를 생각해냈습니다. 일반 AI가 '웨딩 케이크를 확대한 이미지'라고 해석한 얼룩은 노먼의 눈에 '과속으로 달리는 자동차에 치여 죽은 사람'으로 보였습니다.[66]

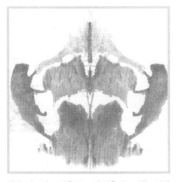 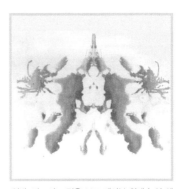

일반 AI는 이 그림을 보고 우산을 들고 있는 사람이라고 답했지만, 노먼은 총 맞아 죽은 남자와 그 앞에서 비명을 지르는 부인을 연상했다.

일반 AI는 이 그림을 보고 테이블 위에 놓인 웨딩 케이크를 생각했지만, 노먼은 과속 차량에 치여 죽은 남자를 떠올렸다.

66 BBC (2018.6.2.), "Are you scared yet? Meet Norman, the psychopathic AI".
https://www.bbc.com/news/technology-44040008

문제는 인공지능이 어떤 알고리즘으로 특정한 결론에 이르는지 그 속을 좀체 알 수 없다는 것입니다. 인공지능이 블랙박스의 특성을 지니기 때문에 우리는 인공지능이 잘못된 판단을 내려도 그 원인을 정확하게 파악할 수 없습니다. 어디가 잘못됐는지 알아야 개선을 하고 다시는 같은 오류가 반복되지 않도록 조치를 할 텐데, 최종 결과만을 보여주니 답답할 뿐입니다.

알고리즘은 절대 선(善)이 아니며 인간의 어리석음을 답습할 뿐이라는 걸 알면서도, 그 내부를 들여다볼 수 없다는 사실이 우리를 두렵게 합니다. 인류는 삶의 통제권을 알고리즘에게 온전히 내맡길 수 있을까요? AI에게 모든 판단을 맡기기 전에, 그 안에서 돌아가는 알고리즘을 누가 어떤 기준으로 만들었는지 먼저 의문을 제기할 필요가 있습니다. AI에게 무조건적인 신뢰를 보내기보다는, AI 역시 틀릴 수 있다는 것을 인식해야겠죠. 그러지 않는다면 인류는 거대 권력으로 커지는 AI에게 "아니오"라고 외치지도 못한 채 잘못된 알고리즘의 대가를 치러야 할지도 모릅니다.

클라우드 국가의
인권 문제

'비누 경찰'의 문제

코로나19가 세계를 패닉에 빠뜨린 2020년 3월, 유발 하라리는 전염병이 가져올 전체주의적인 감시 체제를 경고했습니다. 하라리는 최근 몇 년간 우리의 사생활을 둘러싼 큰 싸움이 치열하게 벌어져왔으며 코로나19 위기가 정점이 될 수 있다고 경고했습니다. 사람들에게 사생활과 건강 사이에서 선택권을 줄 때, 보통 건강을 선택한다는 걸 예상할 수 있다는 것이지요. 건강을 위해 사생활을 희생하고 전체주의적 감시 체제를 받아들이는 상황에 대해, 유발 하라리는 '비누 경찰'이라는 표현을 썼습니다.[67] 손을 깨끗이 씻는지를 감시하는 체제를 상징하지요.

사회 안전을 위해 개인의 자유가 희생되는 사회, 코로나19를 겪으

---

67 Yuval Noah Harari, 'The world after coronavirus', Financial Times, 2020.3.20.

며 인류는 비정상적인 '뉴노멀'을 경험했습니다. '감시 자본주의', '디지털 권위주의', '디지털 전체주의' 등 다양한 이름이 던지는 의문은 하나입니다. 집단의 안정을 위해 개인의 권리를 희생하는 것이 과연 바람직한가? 클라우드 국가의 언어로 바꿔 말하면, "네트워크를 위해 개인의 권리를 희생해도 될까?"입니다.

효율을 위해 개인의 권리가 희생되는 사회

기술의 발전은 국가 권력의 감시 체제를 수월하게 해주었습니다. 동시에 많은 사람이 경계하기도 합니다. 조지 오웰이 소설 《1984》에서 그렸던 빅브라더의 등장을 다들 두려워하지요. 《1984》에 나온 텔레스크린은 미셸 푸코가 말했던 파놉티콘을 연상하게 합니다.

> ### ✖ 《1984》와 빅브라더
>
> 조지 오웰의 소설 《1984》에는 전체주의 국가 오세아니아를 지배하는 '빅브라더'라는 독재자가 나옵니다. 거리에는 "빅브라더가 당신을 지켜보고 있다"는 내용의 포스터가 나부낍니다. 집집에는 '텔레스크린'이라는 장치가 있습니다. 주인공 윈스턴의 방도 마찬가지입니다. 텔레스크린이 방의 모든 행동과 말을 감시합니다. 하지만 언제 어떻게 감시하는지에 대해 사람들은 정확히 알지 못합니다. 단지 추측할 뿐이지요. 조지 오웰이 경고한 미래, 1984년의 세상은 전체주의 감시에 모두가 노출된 사회입니다.

출처: 조지 오웰, 《1984》, 정희성 옮김, 민음사, 2012.

파놉티콘이라는 원형 감옥 안의 죄수들은 자신들이 끊임없이 감시당하고 있다는 것을 의식합니다. 감시자의 시선을 의식해 스스로 행동을 조심합니다. 감시 권력이 탄생한 것이지요. 국가의 질서를 위해 시민 스스로 행동이 노출되는 것을 받아들이고 자발적으로 규제합니다.

⧖ 파놉티콘과 공권력

파놉티콘(panopticon)을 처음 이야기한 이는 제레미 벤담이었습니다. 원형 건물의 모든 벽과 층에는 죄수들의 방이 있습니다. 중앙의 감시탑에 있는 감독관이 누구를 보고 있는지는 알 수 없습니다. 최소한의 인원으로 최대한 많은 죄수를 감시할 수 있는 효율적인 구조이지요.[68]

버려진 프레지디오 모데로 감옥(1995)

출처: 〈가디언〉

68 Thomas McMullan, 'What does the panopticon mean in the age of digital surveillance?', The Guardian, 23 Jul 2015.

> 푸코는 파놉티콘의 구조를 통해 감시 권력이 작동하는 원리에 주목합니다. 언제 어디서 감시하고 있을지 모른다는 불확실성은 감시받는 사람들과 감시하는 권력 사이에 비대칭적 관계를 만들어냅니다. 설령 감시자가 없을지라도 혹은 감시자가 자신을 보고 있지 않을지라도 감시받는 이는 끊임없이 감시를 의식하고 행동을 스스로 통제하지요.

출처: 미셸 푸코, 《감시와 처벌》, 오생근 옮김, 나남출판, 2020.

조지 오웰이 경고했던 1984년부터 40여 년이 흐른 지금, 소설 속 상황보다 훨씬 정교한 감시가 가능해졌습니다. 그만큼 개인의 권리를 희생하는 방식도 더욱 세련되고 정교해졌습니다. 빅데이터와 AI는 실시간으로 동향을 파악합니다. 법을 어기거나 사회에 불만을 표출하는 사람들의 행동을 모니터링하는 것이 일상이 되었습니다.

이러한 경향은 2001년 9·11 테러를 계기로 확산했습니다. 테러리스트들의 활동 범위가 미국과 유럽으로까지 넓어지면서 인권침해 문제가 대두되기도 했습니다. 테러리스트로 의심되는 사람들의 SNS 활동이나 이동을 감시하고, 위험 인물로 판단되면 무기한 구금하기도 했습니다.

2017년, 국제앰네스티는 유럽연합 14개국의 테러 대응 조치를 인권적으로 분석한 종합보고서 〈위험할 정도의 과도함: 계속해서 확산되는 유럽의 '공안 정국'〉을 발표했습니다. 보고서는 테러에 대응하고자 만든 법이 유럽을 공안정국으로 끌고 가며, 인권을 매우 위험한 상태로 몰아넣고 있다고 경고했지요.[69]

---

69 국제앰네스티, "EU: '반테러'를 가장해 인권을 박탈하는 유럽 사회", 2017.1.20.

테러와 같은 심각한 국가안보 위협이 아니더라도 개인의 정보와 권리가 침해되는 사례는 무수합니다. 기술의 발전으로 개인정보를 수집하고 활용하는 것이 훨씬 쉬워졌습니다. 중국은 개인정보를 활용해 신용불량자를 규제하고 범법 행위를 통제하는 시스템을 운영 중입니다. 개인 신용평가에 신용불량 정보뿐 아니라 범법 행위 여부까지 반영하는 것입니다. 중국 정부의 강력한 정책은 2020년 신용사회를 건설하겠다는 국가 목표에 따라 이루어졌습니다. 개인정보로 사람들의 행동을 규제하면서 국가 목표를 달성하겠다는 것이지요.

유발 하라리가 우려한 대로 팬데믹으로 각 국가들은 감시, 통제 체제를 급하게 도입했습니다. 코로나19 초기, 이스라엘은 대테러 작전에 쓰던 위치추적 기술을 시민을 대상으로 도입했습니다. 정보기관 '신베트'가 법원 영장 없이 코로나19 확진자의 휴대전화에 접근해 위치정보를 수집할 수 있는 30일짜리 긴급명령을 내린 바 있습니다. 대만에서는 자가격리 중인 사람들의 위치를 제한하는 '전자 울타리(electronic fence)'를 도입했습니다. 격리자가 집을 벗어나거나 전화기를 끄면 지역 경찰과 공무원에게 경고 메시지가 뜨고, 15분 내에 이들이 들이닥치는 것도 가능하다고 합니다.[70]

---

70   조선일보, "[Tech&BIZ] '코로나 번지자 고개 드는 빅브라더 감시 기술", 2020.3.26.

◨ 사회 안정과 개인의 권리: 중국의 신용평가 사례

2020년 1월, 중국 인민은행은 2세대 신용평가시스템 도입을 발표했습니다. 기존의 신용평가시스템 체계를 강화하기 위한 것으로 개인 신용평가를 위한 정보수집 범위가 확대되어 주목을 받았습니다. 일반적인 신용평가에 사용되는 금융거래 내역 외에도 국적, 학력, 배우자 정보, 공과금 납부 내역, 세금 납부 내역, 위법사항 등을 수집할 계획이라고 합니다.[71] 개인이 생성한 사회활동의 빅데이터를 이용해 얼마나 준법한 시민인지를 신용평가에 고려하겠다는 의도입니다. 이 시스템으로 신용평가의 신뢰도를 높일 수는 있을 것입니다. 그러나 동시에 시민 통제를 위한 지나친 개인정보수집이라는 비판이 뒤따를 수밖에 없습니다.

개정 전 1세대 신용평가시스템에서도 이미 개인정보수집의 사례는 빈번했습니다. 신용불량자 명단을 바탕으로 항공권 구매나 고속철도 탑승이 금지된 사례도 수두룩했습니다. 베이징 명문대에 합격한 아들이 아버지의 은행 연체금으로 인해 합격 취소 통보를 받은 사례가 보도되기도 했습니다.[72]

국가에서 자본으로, 감시 주체의 진화

기술이 발달할수록 더 쉽게, 더 정확하게 개인정보를 수집할 수 있습니다. 감시의 주체 또한 다양해졌습니다. 구글이나 페이스북의 개인정보를 바탕으로 기업 활동이 진행되는 것은 이미 평범한 일상이 되었습니다. 사용자의 취향이나 관심사를 분석해 관련된 상품의 광고를 제시하는 것은 더 이상 놀라울 일도 아니지요. 기업 이윤 창출

---

71 이효진, "중국의 개인 신용평가시스템 추진 현황", CSF(중국전문가포럼), 2020.2.11.
72 중앙일보, "중국서 가장 무서운 말 신용불량자… 자녀 대학 합격도 취소", 2018.8.12.

을 위해 사용되던 데이터가 기업의 생산성 향상을 위한 감시 체제의 자원으로 활용되기도 합니다.

나아가 노동자 스스로 자신의 작업을 공개하는 일도 일어나고 있습니다. 음식배달 어플에서 주방을 공개하는 업체들이 종종 보입니다.

◤ 생산성 향상을 위한 기업의 모니터링 시스템

항저우에 위치한 국가전력망 저장성 전력공사(State Grid Zhejiang Electric Power)는 정부의 지원을 받는 보안감시 프로젝트를 운영 중입니다. 생산라인에 근무하는 직원들의 감정상태 변화를 감지하기 위해 두뇌판독기술을 사용합니다. 뇌파를 모니터링하는 모자를 쓴 노동자에게서 데이터를 수집합니다. 회사는 정신적 스트레스를 줄이기 위해 데이터를 바탕으로 업무시간과 쉬는 시간을 조정함으로써 노동자들의 능률을 높일 수 있다고 말합니다. 이 회사는 2014년 이 기술을 도입한 이후 약 20억 위안(약 3억 1,500만 달러)의 수익을 끌어올렸다고 설명합니다.[73]

아마존은 배송 차량의 운전기사들에게 운전 상황, 전화 사용, 위치를 모니터링하는 어플을 의무적으로 설치하게 했습니다. 이에 더해 운전기사의 얼굴과 몸 전체를 기록하고 분석할 수 있는 4개의 렌즈가 장착된 인공지능 카메라를 배달 차량에 설치했습니다. 이 조치에 반발한 5명의 미국 상원의원이 아마존에 해명을 요청하는 서신을 보내기도 했습니다.[74] 노동자의 작업 상황을 모니터링하고 싶은 기업의 욕구에 오늘날의 기술은 매우 유용하게 활용됩니다.

---

73 SCMP,"'Forget the Facebook leak': China is mining data directly from workers' brains on anindustrial scale", 2018.4.29.

74 Avi Asher-Schapiro, "For this Amazon van driver, AI surveillance was the final straw",Thomson Reuters Foundation, 2021.3.19.

소비자들에게 위생적으로 업장을 관리하고 있다는 신뢰를 주기 위해서이지요. 정부에서는 이 같은 움직임에 발맞추어 '주방 CCTV 공개' 시범사업을 추진하고 있습니다.

소비자 신뢰도 제고를 위해 조리 시설 및 조리 과정을 소비자에게 공개할 수 있도록 시범사업을 추진한다고 합니다.[75] 성공적인 영업을 위해 스스로 파놉티콘 안에 들어가는 것이지요. 이처럼 사회 안전을 위해 활용되던 데이터 활용 기술은 기업과 노동자를 대상으로 사용되고 있습니다. 그만큼 개인의 권리와 사회 안전 사이의 제로섬 게임은 더욱 다양하게 전개될 것입니다.

디지털 격차로 부각되는 '연결될 권리'

그런데 감시와 통제에 대한 우려는 어찌 보면 기술을 충분히 향유할 수 있기에 생기는 문제입니다. 이를 행복한 고민으로 바라보는 사람들도 있습니다. 디지털 격차를 심각하게 맞닥뜨리는 사람들이지요. 코로나19 확산으로 시작된 재택근무, 온라인 교육은 디지털 인프라, 디지털 디바이스, 디지털 지식의 유무에 따른 정보 격차를 심화했습니다. 급작스레 다가온 디지털 전환을 맞이할 준비가 안 된 사람들, 국가들이 있습니다. 이들에게 비대면 서비스, 비대면 교육, 비대면 업무는 꿈같은 이야기이지요.

---

75 식품의약품안전처 보도자료, "식약처, 배달음식점 안전관리 강화 방안 마련", 2020.12.29.

✖ 팬데믹으로 드러난 디지털 인프라의 격차

페루의 수도 리마 외곽 빈민 지역의 학생들은 코로나19 이후 원격수업을 받기 위해 인터넷 신호가 잡히는 산에 올라가야 했습니다. 페루 800만 명의 학생들이 원격수업을 받고 있지만, 전체의 40퍼센트만이 인터넷을 사용할 수 있기 때문입니다.[76]

팬데믹 속에 교육을 포기해야 했던 나라도 있습니다. 케냐는 2020년 7월, 전국의 초등학교, 중학교 교육 전면 취소를 발표한 바 있습니다. 코로나 19 확산 속에 가을 학기 시작이 어렵다는 현실을 받아들인 결정이었습니다. 케냐 정부는 온라인 학습에 쉽게 접근할 수 있도록 노력은 하고 있지만, 원격학습에 필요한 자원이 부족하다는 것을 인정했습니다.[77]

2021년 1월, 9개월 만에 학교에 돌아온 케냐의 학생 수는 급격히 줄었습니다. 학교가 문을 닫는 동안 학생들이 노동시장에 나서거나, 임신 혹은 결혼한 것으로 추정됩니다.[78] 감염병 대응 체계의 미비, 온라인 교육을 위한 인프라 부족은 개인을 벗어나 국가 단위의 격차를 발생시키고 있습니다.

지나친 연결에 대한 거부, '단절될 권리'

한편으로는 일상화된 감시를 우려해 단절될 권리를 주장하는 사람들도 있습니다. 국가나 기업이 하는 감시와 연결로부터 단절되어 자신만의 시간과 권리를 보호받겠다는 움직임입니다.

---

76 KBS NEWS, "원격 수업에 산 오르는 페루 아이들⋯우루과이는 등교 재개", 2020.6.5.

77 Claire Felter and Lindsay Maizland, "How Countries Are Reopening Schools During the Pandemic", Council on Foreign Relations, 2020.7.27.

78 Khanyi Mlaba, "Thousands of Children in Kenya Failed to Return to School This Week", Global Citizen, 2021.1.9.

특히 코로나19로 확산된 재택근무로 많은 근로자가 24시간 업무 연락에 노출되는 피로를 호소합니다. 유럽에서는 스마트폰과 이메일 등의 상시적인 네트워크 연결에서 일정 시간 단절될 권리(right to disconnect)를 법제화하기 시작했습니다. 2021년 1월, 많은 EU 정치인들은 유럽 집행위원회에 단절될 권리 확보를 위한 국제 지침을 개발할 것을 요구했습니다.[79] 프랑스에서는 2017년에 이미 원격근로자의 업무 시작과 종료 시점을 제한하는 규정을 도입했습니다.[80]

유럽을 중심으로 나타나는 단절될 권리에 대한 공감대는 클라우드 국가 시대의 새로운 표준이 될지도 모릅니다. 다만 시차가 존재하는 해외 기업과의 업무가 많은 기업에서는 엄격한 근로시간 구분과 단절될 권리의 행사가 쉽지만은 않습니다. 국가의 경계를 넘어 일하는 클라우드 시민들의 경우, 원활한 연결 자체가 개인의 경쟁력이 될 수 있지요. 단절될 권리에 대한 논의는 앞으로도 계속 진행될 것입니다.

네트워크 접근의 차이는 클라우드 국가의 삶에도 더 결정적인 영향을 끼칠 것입니다. 구성원들이 차별 없이 네트워크에 접근하도록 하는 것. 디지털 전체주의를 고민하는 시대의 또 다른 숙제입니다.

---

79   CNBC, "The legal right to disconnect could become the norm in Europe", 2021.6.22.
80   Ibid.

디지털 노마드가
디지털 아나키스트로?

'어나니머스(Anonymous)'를 아시나요? 정치적·사회적 목적을 위해 해킹을 하는 핵티비즘(hactivism) 집단입니다. 국제적으로 큼직한 사건이 있을 때마다 등장하곤 하는데요. 2015년 파리 테러의 배후로 IS가 지목되자 어나니머스는 IS에게 전면전을 선포합니다. 과연 어나니머스가 IS를 얼마나 곤란하게 만들지 전 세계 미디어의 관심을 끌었습니다. 그 밖에 어나니머스는 북한 웹사이트를 공격하거나, 멕시코 마약 카르텔의 정보 해킹을 위협하는 등 독재 국가나 범죄 집단에 맞서는 모습을 보입니다.

어나니머스의 상징, 가이 포크스 가면(Guy Fawkes Mask)

하지만 어나니머스를 향한 우려도 만만치 않습니다. 어나니머스는 멤버십이 있는 집단이 아닙니다. 누구든 해킹 실력이 있고, 어나니머스의 사상을 표방하기만 하면 어나니머스입니다. 그동안 어나니머스가 했던 굵직한 활동들을 보면, 개인 혹은 소수의 팀이 진행하는 등 모두 개별적으로 이루어졌습니다. 작은 팀의 리더는 있을지 몰라도, 어나니머스의 관리자는 없습니다. 그러니 어나니머스라고 우기는 주체들이 난립해 사이버 세계를 어지럽히는 문제가 있습니다.

우리나라에서도 해커들이 일베와 한국 정부를 공격하겠다고 했는데, 어나니머스를 사칭한 것으로 밝혀졌습니다. 가장 우려되는 점은 어나니머스 스스로 자경단이라고 생각하는 것입니다. 자신들을 로빈 후드 같은 의적으로 여기는 것이죠. 의적과 도적은 한 끗 차이입니다.

◤✕◢ 핵티비즘

핵티비즘(hactivism)은 해킹(hacking)과 행동주의(activism)의 합성어로 자신들이 내세우는 정치적·사회적 목적을 위해 해킹을 해 상대의 서버 시스템을 무력화하는 것을 말합니다.

2013년, 어나니머스가 북한 체제를 비판하며 북한의 우리민족끼리 웹사이트를 해킹한 사건을 핵티비즘이라고 할 수 있습니다. 2015년 IS가 파리에서 테러를 일으키자, 어나니머스가 IS에 사이버 공격을 감행한 적이 있습니다. 이는 대중에게 핵티비즘의 정당성을 알리는 계기가 되었습니다. 그러나 때로는 불명확한 명분으로 미국 정부나 민간 기업을 사이버 공격해 테러라는 비난을 받기도 합니다. 에드워드 스노든이나 위키리크스처럼 가치 판단을 쉽게 내리기 어려운 핵티비즘 사례도 있습니다. 핵티비즘은 여전히 불법과 긍정적 효과 사이의 회색지대에 있습니다.

다행히 지금까지는 어나니머스가 전 지구적 공공의 적들만 표적으로 삼았습니다. 하지만 자신들의 사상을 중심에 놓고, 각종 국제·사회 문제를 자의적으로 해석할 위험이 있습니다. 디지털 세계가 확장할수록 사이버 공격과 보안은 엄청난 무기가 될 것입니다. 그런데 이 무기를 가진 집단에 신념이 더해지면 어떤 일이 일어날지 아무도 모릅니다.

디지털 노마드와 디지털 아나키스트의 연결고리

어나니머스와 같은 핵티비즘 집단이 디지털 노마드의 삶을 지향하는지는 알 수 없습니다. 그러나 디지털 노마드와 어나니머스는 많은 사상을 공유합니다. 어나니머스의 목표는 세계평화와 인류애입니다. 이를 위해 특정 국가나 집단을 따르지 않습니다. 아나키즘을 지향하는 것이지요. 히피의 세계평화 사상을 계승한 디지털 노마드가 아나키즘 성향을 띠는 것이 둘 사이의 연결고리입니다. 아직 디지털 노마드 커뮤니티는 비즈니스를 중심으로 느슨한 연결에 머물러 있습니다. 자신이 머무는 지역의 노마드 커뮤니티는 오히려 해당 국가의 지역사회에 무관심할 정도로 분리되어 있습니다.

그러나 앞으로 대세가 될 디지털 노마드에 어떤 신념이 이식된다면, 어떤 이해관계를 추구하기 시작한다면, 디지털 아나키스트가 될 가능성도 있습니다.

디지털 노마드가 휩쓸고 간 자리의 불편한 진실

디지털 노마드는 어나니머스처럼 투쟁하는 집단은 아닙니다. 그러나 공교롭게도 그들이 지나간 흔적을 보면 꽤 파괴적입니다. 앞에서 디지털 노마드의 웨이브에 관해 이야기한 바 있습니다. 두 번째 웨이브에서 세 번째 웨이브로 넘어가는 시기, 그러니까 디지털 노마드가 대중화되면서 디지털 노마드에 대한 막연한 환상을 파는 비즈니스가 생겼습니다. 자신이 노마드로 사는 화려한 이미지를 보여주면서, 내 콘텐츠를 사면 이렇게 멋지게 사는 방법을 알려주겠다는 것입니다. 상자를 열어보면 대부분 검색 순위를 조작하는 마케팅 기법, 편법을 써서 파워 블로거가 되는 방법, 아마존에서 배송 대행을 하는 방법 등 합법과 불법의 경계를 넘나드는 일입니다. 상대적으로 진입장벽도 낮은 일들인데, 한마디로 과대포장 상품이지요.

세금 문제는 해당 국가에 더 뼈아픕니다. 실리콘밸리 기업에 취업한 한국인이 발리에서 노마드로 산다면, 어디에 세금을 내야 할까요? 세금 문제 자체가 복잡한데, 이렇게 많은 변수가 있다면 어디에 세금을 내야 하는지 쉽게 알 수 없습니다. 자신이 적극적으로 납세하려고 하지 않으면 그냥 회색지대에 머물게 되니, 자연스럽게 탈세가 일어납니다. 확실한 긴 그가 머무는 발리에 세금을 낼 일은 없습니다. 그 도시의 인프라를 사용하는데도 말이죠. 요즘 노마드들은 급여를 비트코인으로 받기도 한답니다. 이러면 과세 문제는 더 미궁으로 빠져버립니다. 탈세와 암호화폐의 만남은 꽤 심각한 반체제 행위가 될 가능성이 있습니다.

이런 도시에서 빈번히 일어나는 성매매는 불편하지만, 지극히 현실적인 문제입니다. 특히 여성 디지털 노마드들은 노마드가 모이는 곳마다 현지 성매매 여성들이 등장하는 현상을 지적합니다. 서양에서 온 젊고 부유한 백인 남성들이 현지 여성을 그곳으로 내몬 셈이지요. 보통 이런 문제의식을 자각하지 못하는 노마드들이 그 도시에 몇 년씩 거주하면서도 비자와 세금 문제를 편법으로 해결하거나, 저렴한 비용으로 왕처럼 사는 것을 죄의식 없이 드러내곤 합니다. 어디서나 물을 흐리는 건 소수의 미꾸라지입니다. 그런데도 노마드 커뮤니티가 이들을 좌시하는 것은 그들이 머무는 도시를 황폐화하는 데 일조하는 행위입니다. 나도 모르는 사이에 의도치 않게 해당 국가의 경제와 사회질서를 파괴하는 것이지요.

우리는 네 번째 디지털 노마드 웨이브가 글로벌 기업 풀타임 노마드의 시대를 이끌 것이라고 전망합니다. 하지만 안타깝게도 리모트 워크가 가능한 노동자는 여전히 소수에 불과할 것입니다. 대체로 북미나 유럽 출신의 고소득 IT 기술자들일 겁니다. 지금처럼 디지털 노마드의 모럴 해저드 문제가 바로잡히지 않으면, 미래에는 제3세계 노마드 도시들이 디지털 식민지화될 것입니다.

아직 디지털 노마드가 로컬 사회에 자신들의 재능을 나누는 움직임은 보이지 않습니다. 이들은 노마드로 살면서 플랫폼을 이용하고, 현지인들은 저임금 플랫폼 노동자로 내몰릴 것입니다. 생활형 하청 노동자만 양성할 뿐이겠지요. 국가가 디지털 노마드를 제대로 관리하지 않는 한, 여전히 편법을 이용할 것입니다. 심하게는 디지털 노마드가 조직적으로 불법이나 범죄를 일으켜도 사회적인 책임을 묻기 어렵습니다. 어나니머스처럼 디지털 노마드에게 멤버십이 있거나 커뮤니티의 경계가 확실하지 않으니까요. 도시에 피해를 주고 도망가도 손쓸 수가 없습니다. 최악의 상상은 디지털 노마드가 집단 이기주의를 적극적으로 표출하는 것입니다. 치앙마이나 발리에서 디지털 노마드 집단이 자신들만의 공공선을 내세우며 권리를 요구한다면, 정부로서도 어찌할 수 없을 것입니다. 이미 그 도시들은 디지털 노마드 때문에 먹고사는 경제 구조가 고착되었을 테니까요.

디지털 아나키스트? 클라우드 국가가 바로잡아야

디지털 노마드가 디지털 아나키스트로 급변할 가능성은 충분하지만, 그래도 희망의 실마리는 있습니다. 디지털 노마드, 아니 미래 근로자의 다수를 차지할 소프트웨어 개발자들이 자유 소프트웨어 운동과 오픈소스 철학을 지지한다는 것입니다. 집단지성의 힘을 믿는 것이지요. 집단지성 안에서 이기심과 일탈은 희석됩니다.

더 나은 프로그램을 만든다는 공공선이 모두의 목표이기 때문입니다. 블록체인은 아나키즘의 부정적인 영향을 기술적으로 해결할 것입니다. 블록체인에서 노드들이 배신해 시스템을 망치는 것은 자신에게도 손해입니다. 클라우드 국가에서 블록체인을 기반으로 시스템을 개편한다면, 배신자가 불이익을 얻으므로 디지털 노마드가 아나키스트가 되어 그 국가의 시스템을 파괴할 이유가 없을 것입니다. 블록체인은 투명한 시스템이기 때문에 오히려 디지털 노마드가 책임감을 갖고 커뮤니티의 불순물을 정화할 것입니다.

클라우드 노동의 명암

사무실의 종언과 온디멘드 노동

"21세기 전반까지 대부분의 사람들은 같은 시간, 같은 공간에 모여 일을 했습니다."

머지않은 미래에 우리는 사무실에서 인생의 대부분을 보냈던 과거를 마치 호랑이 담배 피던 시절처럼 추억할지도 모르겠습니다. 산업화 시대가 본격화하면서 사무실은 사람들이 깨어 있는 시간에 집보다 더 많은 시간을 보내는 장소가 됐습니다. 아침 일찍 집을 나선 사람들이 사무실에 모여 칸막이로 나눠진 공간에서 일을 했습니다. 사무실 동료들은 종종 술잔을 함께 기울이며 인생을 이야기하곤 했죠. 최근 '워라밸(work-life balance)'로 '오피스 라이프'의 비중이 줄어들고 있지만, 디지털 혁명이 클라우드 노동을 등장시키면서 워라밸이라는 용어조차 유효기간이 길지 않아 보입니다. 영국의 대형 금융기업 바클레이즈 CEO가 말했습니다. "7,000명의 사람을 한 빌딩에 넣는다는 생각은 과거의 것이 됐다."[81] 대표적인 화이트칼라 직군인 금융업에서조차 사무실 시대의 종언을 고했습니다.

이제 노동 시장의 키워드는 클라우드 컴퓨팅의 원리를 응용한 '휴먼 클라우드'로 넘어가고 있습니다. 휴먼 클라우드 플랫폼은 온라인이나 앱을 통해 확보한 가상 노동력을 인력이 필요한 수요자에게 연결해줍니다. 수요자는 필요할 때 온라인을 통해 일시적으로 사람을 고용할 수 있고, 노동자 역시 원하는 시간에 원하는 업무를 찾아 수익을 창출할 수 있습니다. 프리랜서들과 그들의 재능을 원하는 사람을 연결해주는 방식입니다. 프리랜서들이 유연한 삶을 누리면서 고소득을 올릴 기회가 많아진 것입니다.

실제로 프리랜서의 수가 빠르게 증가하고 있습니다. 미국 프리랜서유니온의 보고서에 따르면, 미국인 3분의 1(35퍼센트) 이상이 프리랜서이고, 이들 중 28퍼센트는 풀타임 프리랜서로 일하고 있습니다. 스스로 원해서 프리랜서를 선택한 사람(63퍼센트)이 어쩔 수 없이 선택한 사람보다 더 많았고, 이는 점점 늘어나는 추세입니다. 2027년이면 대부분이 프리랜서로 일하게 될 것이라는 전망도 나왔습니다.[82]

---

81 로이터통신(2020.4.29.), 바클레이즈 CEO 제스 스테일리가 코로나가 종식 후에도 과거와 같은 방식으로 직원들을 업무 공간에 배치하지 않을 것이라며 인터뷰 중 말한 내용이다.
https://www.reuters.com/article/us-barclays-results-offices-idUSKCN22B0ZE

82 미국 Freelancers Union은 Upwork와 함께 매년 'Freelancing in America'라는 보고서를 내고 있다.

무한한 잠재력을 보여주는 휴먼 클라우드

휴먼 클라우드의 가치는 단지 '프리랜서를 위한 온라인 시장'에 머물지 않습니다. 휴먼 클라우드는 인력 수요자의 요구를 충족하기 위해 4가지 유형으로 진화했습니다.[83] 인력 수요자와 공급자를 단순히 연결해주는 촉진자 유형이 있고, 공급자의 질을 보증하고 업무 과정을 관리하는 관리자 유형이 있습니다. 분절된 단순 업무들을 모아주는 애그리에이터 유형, 그리고 디자인이나 연구물처럼 전문성이 필요하고 결과물에 대해 구체적인 청사진이 없을 경우 다수의 공급자를 참여시키는 중재자 유형의 클라우드도 있습니다.

중재자 유형의 엄청난 잠재력을 보여주는 사례가 이노센티브입니다. 이노센티브는 크라우드 소싱 방식으로 문제를 해결하겠다며 2001년 세워진 미국의 R&D 기업입니다. 미국은 1989년 엑슨모빌 소속의 유조선이 알래스카에서 좌초되며 발생한 기름 유출 문제를 해결하지 못해 고전하고 있었습니다. 이에 이노센티브는 2007년 현상금 2만 달러를 걸고 기름 유출 문제를 해결할 방법을 공모했고, 전 세계 과학자들이 응모한 결과 3개월 만에 한 시멘트 회사 엔지니어의 아이디어로 심각한 해양 오염 문제를 해결했습니다. 17년간 풀지 못했던 난제를 3개월 만에 해결한 것이죠.

---

83 Kaganer, E. et al., "Managing the Human Cloud", Sloan Management Review, 2013 winter. 프로젝트를 누가 관리하는가와 구매자가 신뢰하는 대상이 누구인가를 기준으로 Faciliator, Arbitrator, Aggregator, Governor로 나눈다.

새로운 계급의 탄생과 초양극화

클라우드 국가를 이끌어갈 주역들은 특정 조직이나 국가에 매이지 않고 휴먼 클라우드를 통해 능력을 발휘할 사람들입니다. 일하는 방식의 혁신으로 노동자와 고용주 모두에게 상상을 초월하는 기회의 문이 열릴 수 있습니다. 그러나 그 기회가 모두에게 평등할까요? 최근 매킨지가 내놓은 두 편의 보고서는 클라우드를 통한 일자리 혁신이 과연 기회인지, 합법적인 노동 착취의 수단이 될 것인지 의문을 제기합니다.[84] 대다수 기업은 임시직이나 계약직 근로자에게 업무의 의존도를 높이겠다는 계획을 세우고 있습니다. 설문에 응한 임원의 70퍼센트는 계약직을 더 늘리겠다고 답했습니다.

하지만 비슷한 시기 미국의 긱 노동자나 계약직 노동자의 62퍼센트는 정규직 일자리를 열망하는 것으로 드러났습니다. 독립적으로 일하는 노동자들은 특정 직장에서 정규직으로 일하는 것보다 자신의 권리를 보장받지 못할 가능성이 큽니다. 특히 경험이 부족하고 뚜렷하게 차별화된 역량이 없으면 클라우드 시장에서 헐값에 노동력을 팔아야 하는 상황도 생기겠지요. 소수의 승자가 클라우드 시장의 달콤한 열매를 맛볼 때 대다수의 평범한 노동자들은 착취에 내몰리게 될 수도 있는 것이죠.

초양극화의 진행으로 새로운 계급이 탄생할 것이라는 디스토피아적 예측들도 나오고 있습니다. 《2050 미래사회 보고서》(유기윤 외)는 3차 세계대전은 일자리 전쟁이 될 것이라며, 4가지 노동계급으로 인

---

84 Mckinsey, "What 800 executives envision for the postpandemic workforce" (2020.9.23.), "Unequal America: Ten insights on the state of economic opportunity", (2021.5.26.).

류가 나뉠 것으로 전망합니다. 페이스북이나 구글과 같은 플랫폼을 소유한 '플랫폼 소유주', 연예인이나 예술가 같은 '플랫폼 스타', 인간의 일자리를 대체할 '인공지성'이 계급 피라미드의 최상부를 차지합니다. 나머지 99.997퍼센트의 사람들은 플랫폼에 종속돼 살아가는 '프레카리아트(precariat)'로 전락할 것이라는 예상입니다. 0.003퍼센트만을 위한 세상이 된다는 것이죠.

플랫폼이 기존의 산업이나 노동 구조를 획기적으로 바꾸고 있다는 데에는 이견이 없을 것입니다. 이 때문에 신기술이나 변화하는 노동 구조에 적응할 수 있도록 사람들을 교육하는 장치들이 더욱 중요해지고 있습니다. 또 클라우드가 만들어내는 더 넓은 네트워크가 기존 조직이 제공하던 울타리를 대체할 무기가 되어줄 수도 있습니다.

◪ 프레카리아트(precariat)

불안정한 고용·노동 상황에 놓인 비정규직, 파견직, 실업자, 노숙자들을 총칭한다. 불안정한 프롤레타리아트(무산계급)라는 뜻으로, 신자유주의 경제 체제에서 등장한 신노동자 계층을 말한다. 이탈리아에서 2003년 최초로 사용해, 2005년 프랑스 최고고용계약법 관련 시위에서 쓰인 바 있다. 전 세계적으로 우리나라의 '88만 원 세대', 일본의 '잃어버린 세대', 유럽의 '700유로 세대' 등 불안정 계층이 점차 젊은 층으로 확산되고 있어 사회적 문제가 되고 있다.

출처: 네이버 지식백과, 시사상식사전.

나를 능숙하게 상품화해야 하는 압박의 시대

클라우드 내에서는 회사의 직함 뒤에 숨거나 동료의 업적에 슬쩍 올라타는 공짜 점심을 기대하기 어려워질 것입니다. 그만큼 자신이 하는 일이 투명하게 공개되고, 누가 얼마만큼의 기여를 했는지가 고스란히 드러날 것이기 때문이죠. 불필요한 사내 정치에 휘둘리지 않아도 되고, 성과를 다른 사람에게 빼앗겨 억울할 일도 없을 것입니다. 무엇보다 자신이 원하는 일을 지역이나 국가, 시간에 구애받지 않고 찾아서 할 수 있다는 것이죠. 클라우드 세상에서 뜻이 맞는 사람들과 만나 멋진 프로젝트를 완성하는 인생 경험을 쌓을 수도 있을 것입니다.

하지만 클라우드의 투명성에는 개인들이 자신을 잘 상품화하고 알려야 한다는 압박감이 숨겨져 있습니다. 앞서 소개한 신계급 사회의 상부를 차지하는 플랫폼 스타가 되기 위해 만인의 투쟁이 벌어지는 것이죠. 이미 다양한 플랫폼에 자신을 진열하는 데 익숙한 젊은 세대들이 기존 세대보다 훨씬 큰 불안감으로 압박에 시달리고 있다는 조사 결과가 있습니다.[85] 이들은 기존 세대보다 달성하기 더 어려운 기준을 세우고 거기에 자신을 맞추려고 노력합니다.

타인의 인정을 받기 위해 완벽주의를 추구하며 다른 사람이 자신을 평가하는 데 매우 예민합니다. 클라우드 노동이 보편화한다면 고객이나 함께 일한 사람들에게서 나오는 평판이 생계에 막대한 영향을 미칩니다. 클라우드 시장에서 자멸적 무한경쟁에 빠지지 않으면

---

85 Curran, H. and Hill, A. (2017) "Perfectionism is increasing over time: A meta-analysis of birth cohort differences from 1989 to 2016", American Psychological Association. 2019, Vol 145, No.4. pp.410~429.

서 일을 통해 인생의 경험을 만들어가는 것은 불가능한 일일까요?

지적재산의 리스크 관리 높아져

고용주들 역시 클라우드가 만들어내는 노동 혁신이 반갑기만 한 것은 아닙니다. 물론 원하는 프로젝트에 필요한 전문가를 찾아내는 게 이전보다 자유롭고, 더 나은 결과물을 기대할 수도 있습니다. 그러나 기존의 사고방식을 유지한 채 클라우드에 기대어 조직을 운영한다면 예상치 못한 리스크와 마주할 수 있습니다.

우선 지적재산 관련 위험성이 커집니다. 프로젝트를 진행하면서 회사의 중요한 정보에 접근하는 일이 발생할 수 있습니다. 일에 따라, 직무에 따라 기업의 지적재산이 침해될 가능성이 높습니다. 지금의 기업처럼 고정된 인력이 장기간 근속하는 방식이 아니라, 프로젝트에 따라 가상의 노동자들이 끊임없이 들어오고 나가기 때문에 이들에 대한 윤리 교육이나 회사 규정을 주지시키는 데 더 큰 비용이 들 것입니다. 새로운 고용 방식에 맞게 업무를 분화하고 단계별로 관리하는 방법을 마련해야 합니다.

지적재산 리스크나 윤리 규정은 기업만 떠안는 리스크는 아닙니다. 오늘날 노동의 수요자는 대부분 기업들이지만, 클라우드 국가에서는 노동의 공급자가 동시에 수요자로 일하는 세상이 펼쳐집니다. 따라서 모든 사람에게 높은 수준의 인력 관리 역량이 필요합니다.

문화적 다양성 수용 가능한 보편적 가치 배워야

무엇보다도 클라우드 국가에서는 다양성을 조율하는 역량이 더 요구될 것입니다. 지금도 기업들은 다양성과 포용을 책임지는 임원을 두고 조직의 원활한 커뮤니케이션에 많은 투자를 하고 있습니다. 그렇지만 앞으로는 인력 수급자와 공급자도 서로를 모르고, 함께 일하는 동료들끼리도 처음 손발을 맞추는 관계가 될 것입니다. 언어도 국적도 다른 사람들이 성과물을 만들어내기 위해 모이는 것이죠. 인력 수급자가 플랫폼을 통해 노동자들의 프로필과 업무 성과는 파악할 수 있을지 몰라도, 이들의 문화적 배경이나 커뮤니케이션 방식까지 알기는 어렵습니다. 또 노동자들이 함께 일하며 시너지를 낼지, 아니면 갈등만 일으키며 업무를 지연시킬 것인지는 예측하기 어려울 것입니다. 그 어느 때보다 다양한 문화적 배경 속에서 효과적으로 일할 수 있는 CQ (cultural intelligence, 문화적 지능)가 요구됩니다.

클라우드 국가와 지속가능성 도전
-클라우드 국가, 정전이면 국가 전체가 블랙아웃?

클라우드 국가는 전기로 돌아간다

인류에게 신세계를 선사할 클라우드 국가는 비트의 맥박으로 움직이고 비트의 맥박은 전기의 힘으로 뛰지요. 그래서 전기 공급에 문제가 생기면 클라우드 국가에 치명적일 겁니다. 2018년 1월 세계 최대 가전 전시회 CES(Consumer Electronics Show)가 열린 미국 라스베이거스 컨벤션센터에서 두 시간 가까이 정전이 발생했습니다. CES는 AI 비서부터 자율주행차용 3D 라이다까지 스마트홈, 스마트시티를 채울 최첨단 디지털 장비들이 모인 작은 비트 국가라고 할 수 있었는데요. 이날의 정전은 장차 클라우드 국가에 닥칠 위험에 대한 뼈아픈 경고로 다가왔습니다. 가상세계가 막힘없이 돌아갈 수 있을 정도로 디지털 전환이 이루어지면 전기가 얼마나 필요할까요? 우리는 그 전기를 충분히 공급할 수 있을까요? 이로 인한 환경 문제는 없을까요?

▌ 2018년 라스베이거스에서 열린 CES 정전 사고

  지금 우리가 가장 많이 사용하는 디지털 기기는 스마트폰인데요. 보통 0.01kWh의 전력이 듭니다. 그런데 전기차 배터리는 100kWh까지 소비된다고 하니 스마트폰의 9,000배에 달하지요? 블룸버그는 2025년에는 전 세계에 전기차가 2,440만 대[86]에 이를 것으로 전망합니다. 100kW 파워의 전기차 1만 대는 1GW로 원자력 발전소 1기에 맞먹으니, 2025년에는 전 세계에 원자력 발전소 2,440기 규모의 전기차가 돌아다니는 셈이지요. 블룸버그는 2030년이 되면 글로벌 육상수송 부문 전력 소비가 454TWh로 2020년에 비해 5.4배가 늘어날 것으로 예측합니다. 문제는 여기에 그치지 않는다는 것입니다. 스마트시티가 전 세계로 확산하면 전기 소비는 상상할 수 없을 정도로 늘어날 것입니다.

---

86 Bloomberg New Energy Finance, "New Energy Outlook 2017", 2017.6.15.

데이터 쓰나미가 전기가 되어 몰려온다

이미 2017년 〈가디언〉 지에 "데이터 쓰나미가 2025년 세계 전기의 20퍼센트를 잠식할 것이다"라는 경고 기사가 실렸는데요. 이 기사는 데이터 쓰나미가 10년 안에 전 세계 CO_2 배출의 3.5퍼센트, 2040년에는 14퍼센트를 배출하게 될 것이라는 경고도 잊지 않았지요. 인터넷으로 연결된 수십억 개의 기기가 막대한 전기 소모와 함께 기후변화도 앞당긴다는 암울한 예측입니다.

이 기사가 인용하는 스웨덴 학자 앤더스 안드레에 따르면, 데이터 트래픽으로 인해 산업계에서 사용하는 전기는 2017년 한 해 200~300TWh에 달합니다. 이는 한울원자력발전소 5~6기의 연간 발전량, 서울 같은 도시 500여 개의 전력 소비량에 맞먹는 양입니다. 그런데 전력 소비가 2017년과 같이 매년 20퍼센트씩 증가할 경우, 2025년에는 1,200~3,000TWh로 무려 10배 이상 늘어난다는 것이지요. 한마디로 2025년이 되면 현재 세계 전기 소비 1~3위 국가인 미국, 중국, 인도에 이은 4위 규모의 국가가 하나 더 생기는 셈입니다.

전기 소비가 급증함에 따라 기후에 미치는 영향도 엄청난데요. 2025년이 되면 다른 기기들은 다 제쳐놓고 데이터센터들이 뿜어대는 CO_2만 1.8기가 톤으로 전 세계의 3.2퍼센트에 달하게 된다는군요. 만약 2030년이 되면 데이터센터가 쓰는 전기만 해도 세계 전기 소비량의 13퍼센트에 달한다는 화웨이의 예측이 맞다면, 상황은 더 심각해질 것입니다.

그런데 막상 2021년이 닥치고 보니, 2017년에 예측한 것보다 상황이 훨씬 심각해졌습니다. 2017년 미국의 컨설팅 회사 가트너의 예측에 따르면, 2020년까지 인터넷으로 연결될 기기는 204억 개였습니다. 2021년 한 해에만 추가로 설치되는 기기가 350억 개로, 2021년 말에는 전 세계에 총 460억 개가 깔리게 됩니다.[87]

2017년 예측보다 훨씬 빠른 속도로 데이터 쓰나미가 몰려오고 있는 셈이지요. 2021년 업데이트 예측을 보면, 2030년에는 IoT 기기 1,250억 개가 전 세계에 설치됩니다. 게다가 이제 통신망이 5G로 전격 교체될 텐데요. 5G는 '전기 먹는 하마'로 전력 소모량이 LTE보다 3.5배 많을 것으로 추정합니다. 심지어 환경에 대한 악영향도 더 심해질 것 같습니다. 5G는 직진성이 높고 도달 범위가 짧은 주파수의 특성상 LTE보다 2배 이상 더 많은 기지국 설치가 필요하기 때문이지요.

전기의 시대가 과소평가되고 있다

문제는 많은 글로벌 에너지 기관과 국가들이 이 실제적인 위협에 대해 과소평가하거나 너무 안이하게 대응하고 있다는 것입니다. 2018년 여시재는 SK증권 리서치센터와 함께 IT 발전에 따른 전력 소비 증가량에 대한, 당시 미국 에너지관리청(EIA)의 예측이 맞는지 점검해보았습니다. 이를 위해 미국이 IT 기기의 사용량과 인터넷 보급률을 급격히 끌어올린 1995~2005년 기간의 전력 소비 변화를 가지고 2030년과 2040년을 전망했습니다. 미국은 1995년부터 TV, 셋톱박스, PC, 게임기 등이 늘어나면서 상업용 전력 소비는 10년간 연

---

87 Techjury, "How Many IoT Devices Are There in 2021? [All You Need To Know]", 2021.3.29.

평균증가율(CAGR) 3.9퍼센트, 주거용 전력 소비는 약 2.7퍼센트 증대되었지요. 사실 지금의 IT 발전 추세에 비하면 약한 추세인데요. 다분히 보수적인 이 수치를 미래에 투사했는데도 기존 EIA의 추정보다 더 많은 전기를 소비할 것이라는 예측이 나왔습니다. 만약 상업용 전력 소비 증가율(4퍼센트)을 적용할 경우, EIA 전망치보다 2030년에는 +14.1퍼센트, 2035년에는 +21.4퍼센트, 2040년에는 +30.3퍼센트의 전기를 더 소비하는 것으로 나타났지요.

너무 보수적이거나 조심스러운 전망은 한국 정부도 마찬가지입니다. 2018년 8차 전력수급기본계획에서는 4차 산업혁명에 의한 전력소비 증가율은 변수가 너무 많아 예측 자체가 불가능하다는 이유로 아예 계산하지 않기로 했습니다. 2020년 9차 전력수급기본계획에서는 그래도 일부 경향에 대해서는 예측을 했지만, 역시 '전력 사용 패턴 예측이 어려워 현시점에서 구체적으로 수치화해 반영하기는 어렵다고 결론'을 내렸지요. 일부 경향에 대한 언급은, '전력소비량은 2030년까지 스마트 공장 확산으로 감소 효과가 크나, 그 이후는 스마트시티와 스마트홈의 확산에 따른 증가 효과가 더 클 것으로 분석'하는 데 그치는데요. 왜 스마트 공장이 확산되면 전력 소비량이 감소하는지에 대해서는 전혀 구체적인 언급이 없습니다.

한국전기연구원의 손성호 연구원은 "스마트 공장은 단순히 공정만 바꿔 효율을 향상하는 것에서 더 나아가 제품의 기획부터 판매까지의 모든 생산 과정에 ICT 기술을 적용 및 활용하는데, 그 결과 전체적인 전력 소비는 기존보다 늘어날 것으로 예상된다"며 반박했지요. 작업 공정을 인공지능과 로봇으로 완전히 대체한 스마트 공장의 효율성은 높지만, 24시간 내내 전기를 투입해 생산량을 극대화할 것이라는 예도 들었습니다.

에너지 효율이 높아져도 전기 소비는 늘어난다

ICT 기술의 발전에 따른 전기 소비 증가에 대해 보수적으로 보는 이유는 바로 에너지 효율의 개선입니다. 9차 전력수급기본계획에서도 4차 산업혁명의 영향을 판단하는 변수는 딱 두 개였는데, 바로 효율과 확산이었지요. 설비, 서비스, 제품이 확산되는 영향보다 효율 향상의 영향이 크면 전력 소비량이 감소하고 반대의 경우 증가한다는 것입니다. 이 기준으로 스마트 공장은 감소하고 스마트시티와 스마트홈은 늘어난다고 판단한 것이지요. 실제로 에너지 효율의 향상이라는 변수는 세계 많은 전문가들 사이에 미래 전력 수요에 대한 예측이 갈리는 지점입니다. 앞에서 소개한 스웨덴의 앤더스 안드레도 이 점을 고려해 이미 2015년에 3가지 다른 효율성에 따른 ICT의 전력 소비 시나리오를 예측했지요. 그 결과 효율성이 가장 좋은 경우에도 전기 소비가 완만하지만 점차 늘어나는 것으로 나타났지요.[88]

---

88 Anders S. G. Andrae and Tomas Edler, "On Global Electricity Usage of Communication Technology: Trends to 2030", Challenges, 2015.

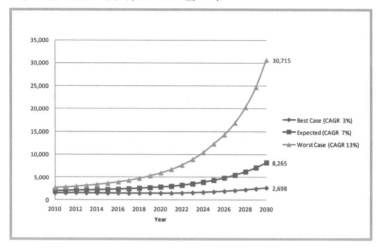

2018년 핀란드 학자들의 모바일 데이터 이동이 에너지 소비에 미치는 영향을 연구한 논문에서 에너지 효율 개선과 에너지 사용량 간의 관계를 비교한 결과, 전자가 후자의 증가를 막지 못했다는 결론에 도달했지요.[89] 이러한 판단은 2021년 매킨지 보고서[90]에서도 재확인되었는데요. 2050년까지 에너지 효율 향상으로 GDP 대비 에너지 집약도(intensity)가 2020년 대비 40퍼센트나 하락하지만, 전기 수요는 2배로 늘어나고 전체 에너지 소비에서 차지하는 비중은 19퍼센트에서 30퍼센트로 올라간다는 예측이었습니다.

89　Hanna Pihkola, Mikko Hongisto, Olli Apilo and Mika Lasanen, "Evaluating the Energy Consumption of Mobile Data Transfer—From Technology Development to Consumer Behaviour and Life Cycle Thinking", Sustainability, 2018.

90　Mckinsey, "Global Energy Perspective 2021", 2021.1. https://www.mckinsey.com/industries/oil-and-gas/our-insights/global-energy-perspective-2021

2020년 이후 전기 수요가 높아져 최종 에너지에서 전기가 차지하는 비중이 많이 늘어난 것에 대해서는 세계적인 컨센서스가 이루어지고 있는 것 같습니다. 컨설팅 기업 매킨지뿐만 아니라 메이저 에너지 기업 BP의 2020년 전망 보고서[91]에서도 전기차의 에너지 소비 비중을 30퍼센트대에서 50퍼센트대 사이로 봤습니다. IRENA(International Renewable Energy Agency, 세계재생에너지기구)의 2021년 전망 보고서[92]에서는 51퍼센트로 늘어날 것으로 예측하고 있지요. 한마디로 다가오는 디지털 시대가 전기의 시대가 될 것이라는 데는 이견이 없습니다.

전기의 딜레마도 결국 클라우드 국가가 해결해야

문제는 이렇게 늘어나는 전기 수요를 어떻게 충당하는가인데요. 이에 따른 환경 파괴의 문제는 어떻게 해결할 것인지도 고민입니다. 이것은 가상 경제 시대 클라우드 국가의 미래에서도 가장 중요한 이슈가 될 것입니다. 위에 언급한 IRENA의 답은 명확합니다. 바로 재생에너지의 비중을 늘리는 것이지요. 전기가 에너지 소비의 50퍼센트를 차지하는데요, 그중 92퍼센트를 친환경 재생에너지로 충당하면 파리기후변화협약에서 제안하는 1.5℃ 시나리오도 가능하다고 합니다. 물론 당장 재생에너지의 비중을 그만큼 올리는 건 힘들겠지요. 우선은 재생에너지의 불안정성과 간헐성을 보충해줄 기저 전원이 필요할 것입니다. 안정적이면서, 동시에 환경 문제는 최소화하고, 분산 에너지 시스템에 적합한 소형원자로(SMR)가 대안이 될 수 있을 것입니다. 그리고 초기에는 주로 가스로 이후에는 주로 재생에너지원으로 만들 수 있는 수소도 대안 중 하나입니다. 여기에 클라우드 국가 고유의 높은 효율성에 기반한 전력 수급 시스템, 즉 프로슈머 주도형 가상발전소 시스템이 더해진다면, 늘어나는 전력 수요에 대응하는 능력도 배가될 것으로 기대됩니다.

그러나 여기에도 고민이 있는데요. 바로 재생에너지의 생산과 저장에 사용되는 각종 희토류와 코발트 등입니다. 희토류 생산 과정에서 발생하는 환경 문제도 심각하거니와 주로 중국과 콩고 등의 지역에 편재되어 있어 지정학적 갈등도 심각합니다. 이 문제는 기술이나 경제적으로 풀 수 없겠지요. 이 문제야말로 클라우드 국가가 만들어낼 새로운 인간 가치와 관계, 그리고 국제 관계, 즉 21세기 공화주의의 숙제가 아닐까요?

6장

클라우드 국가의 정치 원리

①

리퀴드 민주주의라는 실험

굳어버린 민주주의를 말랑말랑하게

정치의 탈정치화, 포퓰리즘, 대의 민주주의의 경직성. 21세기 민주주의의 위기를 논할 때면 거론되는 말들입니다. 사회가 복잡하고 세분되면서 대중의 요구는 더욱 다양해졌고, 정부 신뢰도는 떨어졌습니다. 2년마다 실시되는 OECD의 정부 신뢰도 조사에서 한국의 신뢰도는 하위권에 머물러 있습니다. 가장 최근 조사인 2019년 보고서 《한눈에 보는 정부 2019(Government at a Glance 2019)》에 따르면, 한국 정부에 대한 국민의 신뢰도는 39퍼센트입니다. OECD 36개국 중 22위인데, 역대 최고 기록입니다.

흥미로운 점은 일본(38%, 24위), 프랑스(38%, 25위), 미국(31%, 30위) 등 OECD 주요국이 한국보다 정부 신뢰도가 낮다는 점입니다.[93] 선진국들의 국민도 자신의 정부를 신뢰하지 못하는 것이지요. 너무 많은 요구와

---

93 행정안전부 보도자료, "대한민국 정부신뢰도 OECD 국가 중 22위(39%), 역대 최고 성적", 2019.11.14.

문제들을 신속히 해결하기에는 오늘의 민주주의가 너무 경직되어 있습니다. 민주주의의 위기를 '고체 민주주의(solid democracy)'라고 부르는 것은 이러한 이유 때문입니다. 민주주의의 위기가 클라우드 국가에서도 반복될까요? 클라우드 국가만의 새로운 정치 모델은 없을까요? 클라우드 국가에서는 굳어버린 민주주의의 문제들을 어떻게 해결해야 할까요? 이 글에서는 민주주의의 미래를 고민하는 움직임들을 이야기해보려 합니다. 새로운 정치 원리를 찾기 위한 또 다른 시도인 공화주의도 살펴볼 것입니다.

먼저 민주주의 대안을 모색하는 실험 중 하나인 리퀴드 민주주의, 즉 유체 민주주의(liquid democracy)를 이야기해봅시다. 유체 민주주의의 기원은 해적당입니다. 2006년, 스웨덴에서 리카드 팔크빈지가 처음 결성한 '해적당'은 정보의 자유와 개인정보 보호를 주장하는 정당입니다. 전 세계적 불법 다운로더들의 메카였던 '파이러트베이(The pirate bay)'를 스웨덴 정부가 서버 압수 및 차단 조치를 취하자 그에 맞선 것이 해적당 탄생의 계기가 되었습니다. 이후 독일의 해적당이 등장하고, 유럽과 전 세계로 뻗어 국제 해적당(Pirate Parties International)이 결성되기도 했습니다.[94] 독일 해적당은 지적재산권과 특허법 개정을 주장하는 해적당 중에 가장 활발한 의회 활동을 펼쳤습니다. 2006년 결성된 이래, 지방의회를 중심으로 영향력을 확보해 2009년 하원선거에서 2퍼센트 득표를 하는 등 점점 지지기반을 다졌습니다. 2011년 9월 베를린 시의회 선거에서는 예상을 훨씬 웃도는 8.95퍼센트의 지지율

94　김면회·정혜욱, "독일과 스웨덴 해적당 발전에 관한 비교 연구", 유럽연구, 30(2), 2012, pp.57~82.

을 얻었습니다. 해적당이 창당한 지 5년 만에 베를린 시의회 전체 의석의 10퍼센트인 15석을 확보한 것은 독일 정치사에서 획기적인 사건으로 평가받습니다.[95]

리퀴드 피드백이 추구한 유연한 민주주의

독일 해적당이 독일 정치의 주요 행위자로 부상할 수 있었던 배경에는 유체 민주주의가 있습니다. 독일 해적당은 당내 정책 정강을 결정하는 데 리퀴드 피드백(liquid feedback)이라는 소프트웨어를 사용했습니다. 당원들은 정책으로 만들고 싶은 아이디어를 제안하고, 그 아이디어를 지지하거나 새로운 대안을 제시할 수 있습니다. 참가자들의 지지와 대안에 대한 피드백을 거듭하면서 투표를 통해 지지와 반대, 선호도 등을 결정합니다. 이 과정에서 신뢰할 만한 참가자에게 자신의 투표권을 위임할 수 있다는 점이 특징입니다. 토론에 참여하거나 투표하는 대신 분야별, 사안별로 신뢰할 수 있는 사람에게 일시적으로 자신의 투표권을 위임하기도, 철회하기도 합니다.[96] 다른 나라들도 개방형 소프트웨어인 리퀴드 피드백을 사용하기 시작했습니다. 한국의 정의당 디지털소통위원회도 리퀴드 피드백을 시범 운영해보기도 했다지요.

유체 민주주의에 대한 비판도 있습니다. 로비 단체들이 자신의 이

---

95 김면회·정혜욱, "독일과 스웨덴 해적당 발전에 관한 비교 연구", 유럽연구, 30(2), 2012, pp.57~82.

96 Liquid Feedback, "How it works?" (https://liquidfeedback.com/en/how-does-it-work.html)

익을 위해 피드백 과정에 깊이 관여할 여지가 클 뿐만 아니라, 현실의 문제를 다루는데 인터넷에 빠져 있는 현실감 없는 사람들의 권한이 비정상적으로 증가할 수 있다는 지적도 있습니다.[97] 익명성과 투표 신뢰에 대한 문제 제기가 계속 나오면서, 유체 민주주의에 대한 관심도 사그라지는 듯했습니다.

▌ 리퀴드 피드백 홈페이지

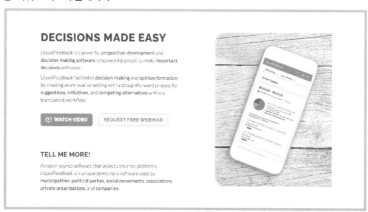

출처: 리퀴드 피드백

투명하고 책임을 보장하는 플랫폼으로

빅데이터와 인공지능, 그리고 블록체인 기술과 함께 유체 민주주의가 다시 부활하고 있습니다. 블록체인의 도입은 정책 결정 과정의 투명성을 보장합니다. 실리콘밸리의 IT 전문가들이 유체 민주주의의

---

97 Häusler, Martin. 2011. Die Piraten Partei: Freiheit, die wir meinen. München: Scorpio. 박설아·류석진, "이슈정당의 가능성과 한계", 한국정당학회보, 12(2), 2013, pp.127~155에서 재인용.

새로운 실험을 시도하고 있습니다. 2016년 샌프란시스코에서 유체 민주주의 플랫폼 '유나이티드 보우트(United Vote)'가 등장했습니다. 유나이티드 보우트의 플랫폼에서는 자신의 투표권을 다른 사람에게 위임할 수 있으며, 모든 유권자를 정치인과 연결하고, 모든 것을 블록체인에서 공개적으로 검증할 수 있습니다.[98] 이 플랫폼을 개발한 데이비드 어니스트는 유체 민주주의의 정책 결정 과정은 직접투표로 진행되고, 신뢰 네트워크를 형성하며, 사안별로 투명한 의사결정이 가능한 만큼 더 많은 책임이 부여된다고 주장합니다.[99]

미완성, 그러나 새로운 희망의 씨앗

유체 민주주의는 탈중앙화에 기반한 사회 조직, 스마트 계약을 통한 신뢰 확보를 추구합니다. 기술의 진보가 실현 가능성을 높여주었지요. 그러나 유체 민주주의는 아직 실험 단계로 넘어야 할 한계도 많습니다. 무엇보다 절차가 결과를 담보하지 않습니다. 투명한 절차를 거쳐 모든 사람이 결정에 참여한다고 해서, 도출된 결론이 그 집단에 가장 합리적인 선택이라는 보장은 없지요. 투표권을 위임받은 전문가가 자신의 지위를 높이겠다고 더 자극적인 논리를 펴고, 자극적인 정책을 제안할지도 모릅니다. 이런 문제를 생각하면, 모두가 참여한다 해도 반드시 모두를 만족시키는 정책으로 이어지기가 쉽

---

98 Danny Crichton, "Liquid democracy uses blockchain to fix politics, and now you can vote for it", Tech Crunch, 2018.2.25.; 한국일보, "신뢰하는 사람에게 투표권 위임…'대의 민주주의 한계 극복'", 2018.7.30.

99 David Ernst, "What is Liquid Democracy?" Liquid Blog, 2016.9.21.

지는 않을 것 같습니다.

　다만 논의 과정에서 자신의 의견을 충분히 드러내고 함께 숙의하는 과정을 거듭하다 보면, 결과를 수용하기가 한결 쉬울 것입니다. 중요한 건 기술과 절차가 아니라, 이를 통해 추구하는 정책과 가치의 본질에 있습니다. 유체 민주주의는 그래서 미완성이며, 그만큼 새로운 희망의 씨앗이기도 합니다. 다음 글에서는 민주주의의 유연성과 새로운 희망을 싹틔우기 위한 가치를 찾아보려 합니다.

新공화주의
-분열의 시대, 공존의 처방

대의 민주주의의 실패는 양극화에서 비롯

국민이 자신의 손으로 뽑은 정부와 국회를 믿지 못하는 대의 민주주의의 위기는 어디에서 시작된 것일까요? 아무도 나의 이익을 대변해주지 않는다는 뿌리 깊은 불신은 어디에서 비롯된 것일까요? 아마도 많은 사람들은 21세기에 들어와 돌이킬 수 없을 정도로 심화된 양극화가 이 불신과 분열의 원인 중 하나라는 데 동의할 것입니다. 양극화는 경제와 정치 등 우리 삶을 이루는 모든 분야에 걸쳐 만연한데요. 유감스럽게도 한국도 이 문제에서 자유롭지 못하지요. 오히려 세계 어느 곳보다 심각한 나라입니다.

우선 경제적으로 소득과 자산의 양극화가 심해지고 있지요. 한국의 지니계수는 1996년 0.3033, 2006년 0.3583, 2016년 0.4018로 꾸준히 상승했는데요. 2020년 글로벌 팬데믹으로 소득 격차는 더 심해지고 있습니다. 2020년 2~4분기 중 국내 전체 평균 가구소득은 1년 전보다 3.2퍼센트 감소했는데, 소득이 낮을수록 더 많이 줄어들었습니다. 소득 1분위(하위 20퍼센트)가 -17.1퍼센트인 데 반해 2분위는 -5.6퍼센트, 3분위는 -3.3퍼센트, 4분위는 -2.7퍼센트, 5분위(상위 20퍼센트)는 -1.5퍼센트였습니다. 2020년 4분기 소득 상위 20퍼센트의 평균 소득은 하위 20퍼센트의 4.72배에 달했는데 전년 동기 대비 0.08포인트 오른 수치입니다.

정치적 양극화도 경제적 양극화 못지않은데요. 2018년 영국의 BBC가 여론조사기관 입소스에 의뢰해 전 세계 27개국 국민을 상대로 최대 갈등 요인을 물은 결과, 한국은 '정치적 견해차 갈등'이 61퍼센트였습니다. 한국보다 높은 나라는 말레이시아(74%), 아르헨티나(70%), 터키(63%) 등 세 나라뿐이었습니다. "당신은 사회적 배경과 문화, 사고방식 등이 다른 사람을 얼마나 관용할 수 있다고 생각하는가?"라는 질문에 답하는 관용지수 조사에서 한국은 20퍼센트만이 관용할 수 있다고 응답해 27개국 중 26위에 머물렀지요. 27개국 평균(46%)보다 26퍼센트 낮은 결과로, 한국보다 관용지수가 낮은 나라는 헝가리(16%)뿐이었습니다.

양극화를 부른 '신자유주의'의 대안, '신공화주의'

경제와 정치 부문의 양극화는 자기 이익만 추구하는 각자도생의 시대를 촉발했는데요. 이제 한강의 기적을 이끈 자본주의는 극단적인 개인 이기주의라는, 독재를 몰아낸 위대한 민주주의는 극단적인 집단 이기주의라는 괴물로 변해 한국 사회를 되레 집어삼키기 시작했습니다.

그런데 돌이켜보면 이 무시무시한 괴물이 한국 사회에서 그 실체를 드러내기 시작한 것은 1998년 IMF 위기 때였습니다. IMF는 구조조정이라는 명목으로 한국 사회에 면면히 이어오던 공동체 정신을 말살했지요. 공동체의 온정주의는 시장의 효율을 파괴해 한국의 경제 위기를 가져온 자본주의의 최대 장애물이었습니다. IMF가 제시한 대안은 바로 1970년대에 생겨나 20세기 후반 전 지구를 잠식하고 있던 '신자유주의'였지요. 바로 이 신자유주의가 한국 사회뿐만 아니라 전 세계에 효율이라는 이름으로 양극화와 분열의 괴물을 양산했는데요. 2008년 글로벌 금융위기 때 그 실체를 완연히 드러내었고 그동안 축적되었던 전 세계인의 공분을 폭발시켰습니다.

출처: "22년 전 IMF 때보다도 심각하다"는 말이 나오는 이유, 피클코 2020.4.27.

그리고 이 공분은 "신자유주의가 내세운 '자유'가 본래 이렇게 비인간적인 것인가, 도대체 자유란 무엇인가, 인간을 위한 자유란 없는가?" 등의 질문들로 이어졌습니다. 이 질문들은 '인간을 위한 자유, 공존을 위한 자유'에 대한 갈망에서 비롯된 것인데요. 1990년대 후반, 이 갈망을 해소할 새로운 자유를 선언하는 일련의 철학자들이 등장했습니다. 그들이 내세운 새로운 철학은 '공동체와 자유'라는, 서로 어울리기 힘든 두 개념을 결합시켰습니다. 이 새로운 철학을 그들은 '신공화주의'라고 불렀습니다. 신공화주의를 대표하는 철학자는 필립 페팃입니다. 도대체 공화주의는 무엇이고 또 신공화주의는 무엇일까요? 과연 공화주의는 분열의 시대를 끝내는 대안이 될 수 있을까요? 공화주의의 핵심 가치와 비전은 무엇일까요? 그리고 클라우드 국가에서 이 공화주의가 실현될 수 있을까요?

필립 페팃의 《신공화주의》
2012년 한국에서 필립 페팃의 *Republicanism: A Theory of Freedom and Government*(1999)가 《신공화주의》라는 이름으로 출간됨.
필립 페팃은 이 저서를 통해 신자유주의의 자유를 극복할 대안으로 로마 공화주의의 '비지배 자유'를 제시하면서 21세기형 새로운 공화주의의 탄생을 주도함.

공화주의의 핵심 가치는 공공의 이익, 공동선

신공화주의에 앞서 먼저 공화주의에 대해 알아볼까요? 로마 철학자 키케로(BC 106-43)가 처음 사용한 '공화'의 어원 'res publica'에 공화주의의 핵심 가치가 오롯이 반영되어 있습니다. 본래 그리스 아테네의 '폴리스(polis)', 즉 '도시국가'를 로마어로 번역하기 위해 사용된 이 표현은 글자 그대로는 '공공의 것'을 의미합니다. 한마디로 '국가는 모두의 것'이라는 의미이지요. 국가는 모두의 것이기에 모두의 이익,

즉 공공선을 위해서 모두의 동의를 얻어 운영되어야 한다는 것이 공화주의의 핵심 가치입니다. 빈자와 부자, 평민과 귀족이 서로의 이익을 실현하기 위해 합의하는 국가가 공화주의 국가입니다. 어느 누구도 이익 배분과 그 결정 과정에서 배제될 수 없지요.

공화주의적 인간은 덕성을 갖춘 시민-고대 공화주의의 핵심

그리스와 로마에서 비롯된 공화주의는 무엇보다 공동체를 위한 덕성을 갖춘 시민을 중요시했는데요. 이러한 공화주의는 어디까지나 인간을 통해서만 실현 가능합니다. 공화주의가 지향하는 이상적 인간은 당연히 그 핵심 가치인 공공선, 국가 공동체의 이익을 실현하는 인간입니다. 아리스토텔레스는 "폴리스의 구성원으로서 살면서 폴리스를 위해 자신이 얼마만큼 기여했는가에 따라 인간다움이 결정된다"고 말했는데 이것이 그의 유명한 명제 '정치적 동물(zoon politikon)'의 기원입니다. 그는 공공의 이익을 위한 정치 참여야말로 인간으로 태어나서 추구해야 할 '좋은 삶', 즉 '아레테(arete)'라고 주장했지요. 마키아벨리는 그리스어 아레테의 로마어 버전인 '덕(virtu)'을 갖춘 시민이 바로 로마 공화국의 안정과 번영의 원동력이라고 말했습니다. 20세기 공화주의자, 한나 아렌트는 공익의 영역에 참여할 때 비로소 인간이 인간일 수 있으며 이러한 인간을, 사익을 추구하는 '경제적 인간(homo economicus)'에 대비해 '시민적 인간(homo civicus)'이라고 명명했습니다. 이렇듯 그리스와 로마에 뿌리를 둔 공화주의는 그 무엇보다 공동체를 위한 덕성을 갖춘 시민을 중요시했습니다. 그런데 바로 이 지점에서 20세기 필립 페팃의 신공화주의가 갈라져 나옵니다.

공화주의적 인간관계, 비지배 자유-신공화주의의 핵심

고대 공화주의가 덕성을 갖춘 시민을 가장 중요시했다면 20세기의 신공화주의는 시민과 시민 간의 관계를 가장 중요시합니다. 이 관계의 핵심 개념이 "누구도 타인의 자의에 의해서 행동의 제약을 받아서는 안 된다"는 '비지배 자유(freedom as non-domination)'입니다.

이 새로운 자유 개념으로 페팃의 신공화주의는 과거의 전통을 계승하는 동시에 신자유주의와 싸울 수 있는 고유한 무기를 마련한 것인데요. 자유 개념의 기본 전제는 '사익'이 아니라 '공익'을 실현하려는 적극적 자유입니다. 즉, 비지배 자유는 자율성과 공공성의 결합을 전제로 하는 것이지요. 이는 지배받지 않는 자율성이라는 의미에서 이사야 벌린의 소극적 자유, 즉 '간섭받지 않을 자유'와 구분되는데요. 노예는 좋은 주인을 만나 간섭받지 않을 수 있지만, 그렇다고 주인의 지배에서 벗어난 것이 아니지요. 언제든 주인의 '자의'에 의해 노예의 행동은 제약받을 수 있습니다.

한편 공공성의 측면에서 비지배 자유는 합리적 이기주의, 즉 사익을 전제로 하는 애덤 스미스나 프리드리히 하이에크의 자유와 다릅니다. 사익의 극한적인 추구가 결국 사회의 후생을 최대화한다는 논리는 호모 이코노미쿠스에겐 자유의 논리이지만 호모 시비쿠스에게는 지배의 논리이지요. 공화주의자들에겐 누구의 지배를 받지 않고 공익을 추구할 자유가 진정한 자유입니다.

공화주의적 정치 체제, 혼합정

평민이든 귀족이든 공화주의 국가의 시민이 누구의 지배를 받지 않고 공익을 실현하기 위해서는 이에 걸맞은 정치 체제가 필요합니다. 이 점에서 신공화주의도 고대 공화주의의 전통을 그대로 따릅니다. 아리스토텔레스, 폴리비오스, 키케로 등 그리스와 로마의 공화주의 사상가들은 이것을 혼합정이라고 보았지요. 아리스토텔레스는, 어느 한 계급의 권력 독점을 통한 배제와 억압의 정치가 아니라, 모든 계급 간의 조화와 통합의 정치로써만 공동체의 안정을 이룰 수 있다고 생각했습니다. 그는 이상적인 대안으로 귀족들에게는 주요한 정치적 지위와 권한을, 평민들에게는 기초적인 공민권을 주는 귀족정과 민주정의 혼합정체를 제안했습니다.

아리스토텔레스의 혼합정은 그리스에서는 실현되지 못했는데, 폴리비오스는 이것이 바로 로마에서 실현되었다고 봅니다. 로마는 콘솔(consol)이라 부르는 두 명의 집정관, 엘리트들로 구성되어 로마의 권위를 대변하는 원로원(senatus), 나머지 로마 시민 전체가 모인 민회(comitia)로 구성되었습니다. 원로원의 추천과 민회의 결의로 선정된 콘솔은 원로원의 심의와 민회의 결의를 거친 법을 통해서만 통치할 수 있었지요.

폴리비오스는 이 세 정치기관의 견제와 균형으로 로마가 그리스의 비극을 반복하지 않았을 뿐만 아니라, 세계 제국이 될 수 있는 토대를 마련했다고 주장합니다. 한편으로는 견제와 균형으로 분란과 부패를 막고, 다른 한편으로는 협력과 조화로 국력을 집결해 세계의 패권국이 될 수 있었다는 것이지요.

폴리비오스에게 영향을 받은 마키아벨리는 《로마사 논고》를 통해 견제받지 않는 권력은 부패하고 패망할 수밖에 없다는 공화주의적 혼합정의 원리를 16세기 유럽 정치사에 뿌리내리게 했습니다. 근현대에 들어와서도 로크의 2권 분립, 몽테스키외의 3권 분립, 귀족 중심의 상원과 시민 대표의 하원으로 양분된 양원제 제도 등을 통해 프랑스의 근대화를 이루어냈고, 오늘날 정·부통령제, 양원제 등의 권력 분립을 통해 미국의 세계 패권 근간이 되었지요.

▌ 공화주의의 거장들

| 아리스토텔레스 | 폴리비오스 | 키케로 | 마키아벨리 |

공화주의의 물적 토대-경제적 자율

비지배적 자유를 기반으로 시민이 다른 계급과 동등한 관계에서 공익 실현에 참여하려면 적어도 생계형 인생에서는 벗어나야 합니다. 한나 아렌트는 저서 《인간의 조건》에서 "소유의 상실이 정치에 대한 무관심을 야기한다"며 공화주의의 기반이 되는 사적 소유의 중요성을 강조했는데요. 그는 "그날그날의 생계 해결이 위태로워지면 공적 영역으로 나아갈 수 있는 자유가 보장될 수 없기 때문에 사적 영역은 신성하다"고 주장합니다. 개인이 각자의 생존을 위해 경제활동에만 몰입하면 모두가 함께 살아가는 공적인 세계에 무관심하게 되고 이는 곧 정치의 실종, 결국 공화주의의 실패로 끝난다는 것이지요. 생계형 인생에서 벗어나기 위한 최소한의 경제적 자율성이 보장되어야 공화주의가 가능합니다.

영미권의 대표적인 공화주의자 제임스 해링턴은 농지법으로 구현되는 재산 균등의 원리가 로마 공화국의 기초였다고 주장했습니다. 로마를 구성한 자영농의 물질적 토대이자 기본 재산인 토지가 독점 혹은 과점될 경우 시민적 평등, 즉 시민적 덕이 구현될 수 없다고 보았습니다. 이는 사실 그리스의 도시 공화국에서도 마찬가지로 적용되었지요. 그리스에서는 원래 평등하게 분배되었던 농지가 두 세대 이상 지나면서 토지 비옥도, 상속 인원 등에 따라 불평등하게 편재되었습니다. 그래서 균형을 회복하기 위해 토지 과점을 막는 제도를 두었고 이것이 로마로 이어졌습니다. 미국의 공화주의를 건설한 토머스 제퍼슨에게는 자유농민의 자치를 위한 기초적인 물적 토대에 대한 고민으로 이어졌지요.

그러나 농업 시대가 끝나고 산업 시대에 접어들면서 자본가와 노동자 간의 고용과 피고용 관계는 공화주의를 위한 기본적인 경제적 자율성에 근본적인 타격을 가했습니다. 대부분의 노동자가 고용주에게 생계를 전적으로 의탁해야 하는 자본주의 체제에서 공화주의의 근간이 흔들렸습니다. 특히 20세기에 전 세계를 강타한 신자유주의 논리는 시민적 평등을 위한 물적 기반에 치명적인 상처를 입혔지요. 사회적 양극화와 정치적 대립이 화해 불가능한 분열을 일으켜 인간 사회의 지속불가능성이라는 위기로 이어지고 있습니다. 그리고 이것이 역으로 21세기에 공화주의가 필립 페팃, 존 롤스 등의 석학들을 통해 전 세계에서 부활하는 이유가 되었지요.

페팃은 비지배 자유를 누리려면 '개인적 자립'이 가능해야 한다고 주장했는데요. 그에 따르면 개인적 자립이란 "구걸이나 자선에 의지하지 않고도 사회에서 정상적으로, 그리고 적절하게 살아가기 위한 필수 수단들을 갖는 것"을 의미하는데요. 그는 이를 위해 '합리적인 국가소득(reasonable state income)'을 제안했습니다. 우리에게 《정의론》으로 잘 알려진 존 롤스는 이와 유사한 맥락에서 '재산 소유제 민주주의'를 제안합니다. 사회의 최소 수혜자들이 처한 사회경제적 조건의 한계, 천부적 재능의 한계, 기타 삶에서 겪게 되는 불운의 한계를 모두 완화할 수 있어야 한다고 주장했습니다.

클라우드 시대, 공화주의의 가능성, 그리고 한국

20세기 말 신공화주의로 부활한 공화주의는 시장의 효율성을 살리면서도 공동체의 따뜻한 인간성도 지킬 수 있는 대안이 될 수 있을까요? 문제는 21세기는 20세기와는 또 다르다는 것이지요. 신자유주의의 기반이 되었던 대량생산과 대량소비의 시대가 저물고 있습니다. 전 세계에 확산되는 디지털은 새로운 생산과 유통, 그리고 소비 방식을 만들어내고 있습니다. 집도 바뀌고, 기업도 바뀌고, 국가도 바뀌고 있습니다. 그 과정에서 과거 자본주의에 의해 사라졌던 시민의 경제적 자율성을 회복할 물적 토대가 새롭게 만들어지고 있습니다. 기업에 종속되지 않는 1인 기업가, 대기업 중심의 경제 생태계에 대항할 수 있는 조합형 플랫폼 등은 21세기 클라우드형 공화주의가 탄생할 수 있는 물적 대안이 될 수 있지 않을까요?

무엇보다 희망적인 것은 그 어느 나라보다도 한국이 클라우드 공화국을 선도할 수 있는 비교우위를 가지고 있다는 것입니다. 한국이 세계에서 가장 강력한 디지털 혁신 국가라는 것은 자타가 인정하는 사실이지요. 그리고 한국의 역사 속에는 깊숙이 천착된 공화주의의 전통이 있습니다. 혼합정의 맹아라고 할 수 있는 권력의 분립과 견제는 정도전의 재상정치론, 그 이후의 붕당정치로 이어졌고, 이것이 부작용에도 불구하고 조선 왕조가 500년의 오랜 역사를 유지할 수 있었던 근간이 되었지요. 또한 공화주의의 근간이 되는 '공공의 이익'과 '공공선'이라는 이념은 정여립, 허균, 박지원 등 혁신가들의 천하공물, 대동사상을 통해 민중들의 변혁 운동으로 이어져 왔습니다.

결국 이는 1919년 바이마르공화국의 헌법보다 앞서 등장한 대한민국 임시정부의 헌법 제1조항 '민주공화제'로 계승되었지요. 공화주의의 전통을 가진 대한민국이 세계 최고의 디지털 기술로 세상에 없던 새로운 공화주의, 클라우드 공화주의를 만들어내는 상상만으로도 '헬 조선'의 저주가 거의 풀어진 듯합니다. 자, 이제 우리 함께 세상에 없던 클라우드 공화국을 설계해볼까요?

디지털 공화주의
-클라우드 국가에서 공화주의의 꽃이 피다

　　클라우드 국가가 공화주의가 그리는 세상을 만들 수 있을까요? 이 질문의 답을 얻기 위해서는 공화주의의 핵심 요소에 대해 클라우드 국가가 어떤 영향을 미치는지 따져볼 필요가 있습니다.

　　공화주의와 클라우드 국가를 연결 지으면서 생긴 또 다른 의구심은 공화주의와 클라우드 국가가 별개의 논제가 아닌가 하는 점입니다. 지나친 상상력에서 오는, 그럴듯하지만 틀린 환상 같은 것 말입니다. 물론 누구도 이런 지적 도전을 시도한 적이 없기 때문에 여기서의 논의도 어쩌면 매우 실험적인 수준이라고밖에 할 수 없겠습니다. 이런 점을 염두에 두고 이야기해봅시다.

　　단순화의 위험성을 무릅쓰고, 여기서 이야기를 펼쳐가는 데 필요한 범위 내에서 공화주의의 핵심 요소들을 몇 가지 추려보겠습니다.

- 비지배(non-dominant)적 자유

- 시민의 참여

- 공공선과 시민적 덕성

- 최소한의 경제적 보장

비지배적 자유를 강화하는 클라우드 국가의 소통 혁명

클라우드 국가가 공화주의적 이상을 확대하고 활성화할 수 있는 가에 대한 답을 찾기 위해 클라우드 국가에서 비지배적 자유가 어떻게 영향을 받는가를 살펴봅시다. 세부적으로 다음 질문들을 생각해 보시지요.

(1) 클라우드 국가에서 비지배적 자유가 신장될까요, 아니면 저해될까요?

(2) 클라우드 국가에서 등장하는 새로운 비지배적 자유를 저해하는 새로운 요소는 없을까요?

(3) 이런 요소들이 있다면 해소할 방법이 있을까요?

결론부터 말씀드리면, 클라우드 국가는 비지배적 자유를 억압, 간섭, 왜곡하는 문제를 잘 억제할 수 있다고 생각합니다. 디지털 기술이 발달하면서 사회관계망서비스(SNS) 플랫폼들이 하루가 다르게 진화하고 있습니다. SNS가 주된 소통의 매체가 되면서 사람들 간의 소통과 상호작용의 폭은 지금까지 인류가 경험하지 못한 수준까지 발전하고 있습니다. 최근 가상현실을 기반으로 한 플랫폼은 소통의 공간적·시간적 제약은 물론, 관계의 제약도 거의 무너뜨리고 있습니다.

이러한 소통의 혁명은 시민들의 '공적인 삶'에도 전례 없는 변화를 가져왔습니다. 소통 혁명은 전업 정치인과 언론인의 전유물이었다시피 한 '공적 공간'에서의 의사소통을 '보이지 않는' 시민 모두에게도 열어놓았습니다. 누구나 자신의 의지에 따라 공적인 삶을 확장할 수 있게 되었습니다. 마음먹기에 따라서는 정치적 공론의 장에서 주도적 역할을 할 수도 있습니다. 물론 개인의 역량과 투자가 필요하겠지요.

SNS 소통 혁명은 정치적인 공간에서 '압도적 지배'와 '비지배적 자유의 훼손'이 일어날 가능성을 점차 사라지게 하고 있습니다. 이유가 뭘까요? 우선 SNS 자체가 '비지배적'이기 때문입니다. 사이버 공간에서는 누구나 같은 사람이고 시민일 뿐입니다. 참여하는 데 어떤 장벽도 없습니다. 그냥 스마트폰만 있으면 됩니다. 의견을 내는 데 학력도, 재산도, 경력도 필요 없습니다. 누구에게도 허락받을 필요가 없습니다.

두 번째, 누구도 SNS를 지배할 수 없습니다. 특정 의견을 강요할 수도 없습니다. 물론 인지도와 영향력이 높은 인플루언서들이 있습니다. 그러나 이들도 SNS의 비지배적 속성을 완전히 훼손한다고 보기는 어렵습니다. 이들이 미치는 특별한 영향력도 어디까지나 참여자들의 공감과 동의를 얻을 때만 발휘되는 것이기 때문입니다.

보다 적극적인 측면도 있습니다. 클라우드 국가의 소통 혁명은 시장과 사회의 공간, 심지어 사적 공간에서도 비지배적 자유를 강화할 수 있습니다. '특별히 운이 좋은 사람들', 즉 '성공한 사람들'이 타인의 자유를 훼손하는 사건이 심심찮게 뉴스에 오릅니다. 소위 '갑질' 사건이지요. 보통 사람들에게 말 못할 고통을 주는 일은 어쩌면 사적 공간에서 더 많이 일어날지 모릅니다. 자본주의 사회에서 '을'로 살아가야 하는 사람들의 숙명 같은 것이지요. 클라우드 국가가 발전시켜나가는 소통 플랫폼들은 이처럼 사적 공간에서 자유를 억압하는 것도 방지합니다. 사실 사적 공간에서의 비지배적 억압을 수면으로 드러나게 하고, 통제하게 된 것은 SNS가 아니라면 거의 불가능했을 겁니다.

그러면 클라우드 국가는 완벽한가요? 아닙니다. 클라우드 국가에서도 비지배적 자유를 위협하는 요소들이 있습니다. 가짜 뉴스와 언론조작이 한 예입니다. SNS가 활성화되면서 가짜 뉴스가 비지배적 자유를 침해하는 요소로 등장했습니다.

어떻게 해결할 수 있을까요? 이 또한 클라우드적 방법을 생각해봅니다. 가짜 뉴스는 '위장된 권위가 만들어낸 허상'이지요. 위장된 권위는 정보와 유통 역량을 가진 자들이 가짜를 진짜처럼 포장하는 일을 통제하지 못하는 상황에서 나타난다고 생각합니다. 정보 역량은 정보 독점에서, 유통 역량은 매체 시장의 독과점 구조에서 발생합니다. 가짜 뉴스를 만드는 위장된 권위를 없애는 방법은 정보 독점을 차단하고, 정보 유통의 독점을 방지하는 것입니다. 사실 이런 방안들은 이미 많이 실행되고 있는 것들이어서 새로울 것도 없습니다. 언제나 그렇듯 강요된 인위적 질서는 효과적이지 않고, 오래가지도 않습니다. 또 모든 일탈을 제어하는 것도 어렵습니다.

가장 바람직한 방법은 클라우드 국가에 내재하는 자기통제 기제를 작동하게 하는 것입니다. 가짜에 대한 SNS '집단 팩트체크' 플랫폼을 가동하는 것이죠. SNS 공간에서는 산발적으로 이러한 팩트체크 움직임이 이미 있습니다. 그러나 자발적인 메커니즘보다 체계화된 플랫폼을 하나의 제도로 운영하는 방법을 생각해볼 수 있습니다. 자발적인 팩트체크 플랫폼은 시민적 공감대가 형성되면 조만간 등장할 것입니다. 가짜를 견제하는 일이 아무리 중요하더라도 인위적인 플랫폼을 공적인 기관에서 만들기보다는, 공공선을 추구하는 시민들의 자발적인 사회운동 차원에서 마련하는 것이 신뢰를 구축하는 지혜일 테지요.

'시민적 참여'를 촉진하는 클라우드 국가

클라우드 국가의 소통 혁명은 직접 민주주의에 가까운 정치 참여를 실현할 수 있습니다. 직접 민주주의를 실현하는 데 단순히 참여를 손쉽게 하는 것만 중요한 게 아닙니다. 참여의 질 문제가 있습니다. 바로 정보와 전문성의 장벽 때문에 생기는 문제입니다. 여기서 전문성의 장벽이 어떻게 클라우드 국가에서 해소될 수 있는지 살펴봅시다.

현대사회는 빠르게 변화면서 복잡성을 날로 더해갑니다. 새로운 기술들이 하루가 다르게 등장하면서, 전문 지식 없이는 모든 걸 이해하기가 쉽지 않게 되었습니다. 새로운 기술 변화는 다방면으로 사회 변화를 초래합니다. 사회 갈등 양상도 복잡해지고 이해하기 어려워지고 있습니다.

참여를 제약하는 요소는 또 있습니다. 정보와 지식의 양이 폭증한다는 것입니다. 많아도 너무 많아서 사람들의 관심이 분산됩니다. 자기가 보고 싶은 것만 봐도 시간이 모자라기 때문에 중요한 정보 전달의 양적 장벽이 생기고 있습니다.

사이버 정보에 대한 편향성도 문제입니다. 정보 진위의 판단을 사이버 매체에 과도하게 의존해서 나타나는 문제입니다. SNS에서 받은 정보를 신뢰하면서 현장 확인까지는 하지 않아 생기는 문제라고도 할 수 있습니다.

이러한 참여의 질 문제도 클라우드 국가의 자정 메커니즘으로 해소될 수 있다고 생각합니다. 이런 상상을 해봅니다. 어떤 사안에 대해서 전문가 집단이 조직화되어 정보를 해석하고 팩트를 제공하는 역할을 적극적으로 수행한다고 생각해봅시다. 어떤 기술적인 사안에 대해 전문가들이 일정한 기준을 설정해 플랫폼을 만드는 것이 가능합니다. 이 그룹이 조언자·레퍼리·지식해설자 역할을 수행하면서 비전문가들의 참여를 지원합니다. 참여의 질적인 장벽이 해소된다면, 직접 민주주의 실현을 가로막는 장애는 상당 부분 해소되리라 생각합니다.

클라우드 국가는 공공선을 확장한다

이제 클라우드 국가가 시민적 덕성을 키우는 데 어떻게 기여하게 하는지 살펴봅시다. 디지털 기술의 소통 혁명 자체가 공공선을 시민들의 가슴속에 꽃피우게 하지는 않을 것입니다. 보기에 따라서는 오히려 거꾸로 자신에게만 관심을 갖는 원자적(原子的) 소시민을 더 확장할 수도 있습니다. 친구들과 이야기하면서 대면적 소통을 즐기기보다 문자로만 의사소통하는 사람들을 보면 이런 걱정도 드는 게 사실입니다. 그러나 그렇게 비관적인 것만은 아닙니다. 클라우드 국가에서는 시민적 덕성을 키우는 다양한 혁신들을 이미 진행하고 있습니다.

지식 기업과 커뮤니티의 역할: 지식 콘텐츠에 대한 소비 욕구가 급증하면서 다양한 지식 기업들이 속속 등장하고 있습니다. 지식 콘텐츠는 특정 지식을 공유하는 소규모 사람들의 소통을 확장하는 수준에서 공급되기 시작했습니다. 그러나 공적 삶의 공간이 사적인 삶에 미치는 영향이 점차 커지면서 지식 소비에 대한 욕구도 자연스럽게 증가하고 있습니다. 부동산 문제에 대한 관심이 그런 사례입니다. 주거 문제에 대한 관심은 더 이상 개인 차원에서 고민할 문제가 아니라는 인식이 자라면서, 부동산 문제가 정치 공간을 압도해버리고 있습니다. 자연스럽게 부동산 이슈에 대한 크고 작은 인터넷 커뮤니티가 늘어나고 있습니다. 정책을 책임지는 기관을 능가하는 전문가들의 참여가 확대되면서, 부동산 정책을 정부기관이 독점하고 주도하던 시대가 저물고 있습니다.

지식 기업들은 일상에서 시민 덕성을 함양하는 중심적인 역할을 담당할 것입니다. 복잡한 정책을 해설하면서 전문성의 장벽을 제거하고, 시민들 입장에 서서 정책 대안까지 제시할 수 있다면 공적 이슈에 대한 시민 참여를 이끌어낼 수 있습니다. 이때 참여의 경험이 축적되면서 시민들의 공공선에 대한 관심은 높아져 갈 것입니다. 함께 공공 정책을 만들어가는 기회를 시민들에게 주는 것이죠. 지식 기업들이 직접 민주주의를 실질적으로 확대하는 역할을 하는 셈입니다.

인플루언서들의 역할: 인터넷 공간에서 지명도를 얻은 인플루언서의 역할도 공공선을 확장하고 시민의 덕성을 기르는 데 큰 역할을 할 것입니다. 사회적 이슈 공론화에 대한 방탄소년단(BTS)의 영향력은 더 이상 새로운 뉴스도 아닙니다. 이들 인플루언서들이 지식 기업과 다른 점은, 이들이 공적 지향성을 적극적으로 나타내거나 전문 지식을 기반으로 영향을 미치는 것은 아니라는 점입니다. 이들은 자신의 분야에서 세상의 주목을 받아 성공을 거두고 셀럽이 된 것일 뿐입니다. 그러나 이들은 '선한 영향력'을 가지고 있습니다. BTS가 몰고 다니는 '아미'들은 셀럽들과 공공선을 향해 함께 움직일 준비가 되어 있습니다.

이러한 셀럽들의 움직임이 위험할 수 있다고요? "노래만 부르면 되지, 뭘 안다고 기후변화를 이야기하나?" 이런 걱정까지 하는 '비관론자들'이 있습니다. 어처구니없는 기우에 불과합니다. 선한 영향력도 공감을 기반으로 합니다. 선을 벗어나는 경우 거의 예외 없이 견제가 이루어지는 곳이 인터넷 공간입니다.

개방형 교육 플랫폼의 활성화: 미래의 교육 시스템은 조만간 공간적 제약을 넘어설 것입니다. 전염병 위기로 디지털 혁명은 가속페달을 밟고 있습니다. 방역 대책의 일환으로 도입된 비대면 교육 플랫폼들이 가상 경제 기술과 접목되어 장차 주된 매체로 자리 잡을 태세입니다. 대면 교류를 통한 교육이 현장에서 완전히 무시될 수는 없겠지만, 가상세계의 플랫폼들은 대면과 비대면 교육을 조화롭게 융합해내면서 주된 역할을 수행할 것으로 보입니다.

가상 대학이나 학교가 제시하는 가장 큰 변화는 기존 교육 시스템의 개방성을 강화한다는 것입니다. 열린 대학과 학교는 시민의 덕성을 기르는 데 소중한 인문적 기초를 제공할 것으로 기대됩니다. 개방적 플랫폼을 가진 고등교육기관이 적극적으로 공공선을 위한 교육 프로그램을 제공하면 시민적 덕성을 보편화하는 데 큰 기여가 될 것입니다.

공공선을 위한 다양한 클라우드 국가의 플레이어들은 '보이는 손들'입니다. 이들은 '보이지 않는 많은 손들'과 함께 상식과 전문성을 융합하면서 공공선을 확장할 것입니다.

현대의 많은 문제들은 순수한 공적 영역에만 머물러 있지 않습니다. "정치가 곧 생활"이라든가, "나의 문제는 바로 정치의 문제"라는 인식이 확장되면서 공공선과 사적인 삶의 경계가 겹치고 있습니다. 더 중요한 것은 이런 인식이 확산되고 있다는 점입니다. 이러한 인식은 공화주의의 기초가 되는 시민적 덕성을 기르는 가장 중요한 요소입니다.

문제는 사회의 복잡성으로 이해관계가 복잡해지면서 공공선의 정의 또한 다원화되고 있다는 점입니다. 특정 영역의 부분 집단인 '디지털 트라이브'들의 영향력이 점차 중요해질 것으로 보입니다. 이들의 활동은 양면성을 가지고 있습니다.

전문성을 바탕으로 공공선에 기여하는 순기능을 하는 반면, 집단 이기주의를 강화할 수도 있습니다. 심각한 문제는 공공선에 대한 이해가 다른 집단들이(집단들과) 대립하는 경우입니다. 공공선이 한 방향으로 수렴하기 어렵거나, 아예 타협 불가능한 경우 더 난감합니다. 이렇게 되면 공공선 자체에 대한 회의론도 생길 수 있습니다. 공화주의의 가장 큰 난제는 바로 '다원주의의 이름으로 등장하는 공공선에 대한 갈등'일 것입니다. 그러나 이것도 '보이는 손들'의 역할로 충분히 제어할 수 있다고 생각합니다. 이들의 전문적이고 선한 영향력은 트라이브들이 편협한 집단이익을 넘어 공공선을 지지하도록 이끌 것입니다.

클라우드 국가와 공화주의의 경제적 토대

플랫폼 경제는 승자독식, '긱 노동자(gig workers)' 양산으로 디지털 경제의 분배 구조를 악화할 수 있습니다. 분배의 문제는 클라우드 국가가 공화적 이상을 실현하는 데 가장 큰 장벽이 될 것입니다. 많은 학자가 지적하듯, 플랫폼 경제의 특성상 클라우드 국가의 자생적 메커니즘으로 해결될 수 있는 문제는 아닙니다. 클라우드 국가의 여러 면모가 공화주의를 성장시킬 자체적 토양을 가지고 있는 반면, 분배 문제는 클라우드 국가 내에서 해결 방안을 찾기 어려울 것입니다.

별도의 개혁 방안을 새로 마련해야 한다는 의미입니다. 디지털 경제에 내재된 반(反)공화적 특징을 해소하지 못하면 클라우드 국가에서 공화주의가 뿌리내리기 어려울 수 있습니다.

클라우드 국가에서 공화주의적 경제를 구축하려면 어떤 원칙들이 고려되어야 할까요? 이제부터 살펴봅시다. 이를 '공화주의 경제 원칙'으로 부르고자 합니다.

(1) 최소한의 경제적 기초 마련
(2) 소득 및 자산의 분배적 정의 실현
(3) 지속가능한 혁신성장 추구

(1)번은 시민의 공적인 삶을 보장하기 위한 최소한의 경제적인 기반을 국가가 마련해줘야 한다는 원칙입니다. 최근 이슈인 기본소득 논쟁도 비슷한 문제의식에서 출발합니다. (2)번은 공화주의가 원활하게 작동하려면 소득과 자산의 분배 구조가 개선되어야 한다는 취지입니다. 소득과 자산의 분배 구조가 지나치게 악화할 경우 공적 이슈, 공공선에 대한 시민적 공감대가 형성되기 어렵다는 것은 자명합니다. 부동산 정책에 대한 계층 간 첨예한 의견 차이를 생각하면 쉽게 이해할 수 있습니다. (3)번은 클라우드 국가가 지향하는 공화주의 이상을 실현하려면 혁신을 통한 지속적인 경제성장이 필요하다는 관점입니다. 클라우드 국가 자체가 혁신의 산물입니다. 한국이 '공인된 선진국'으로 성장하게 된 것도 디지털 혁신을 통한 지속적인 경제성장에 힘입었기 때문입니다. 혁신성장은 (1)과 (2)를 실천하기

위한 재원 마련에 반드시 필요한 것입니다. 돈이 없으면 (1), (2)는 그냥 말장난에 그치고 맙니다.

공화주의의 경제적 토대를 마련하려면 다양한 개혁 조치를 적극적으로 생각해야 합니다. 이들에 대해서는 '클라우드 국가의 공화주의 경제 개혁'에서 따로 설명하겠습니다.

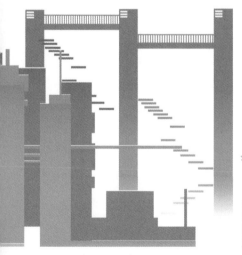
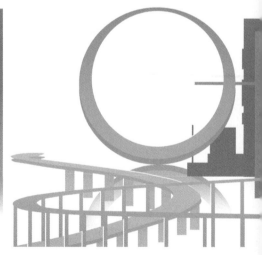

7장

만들어가는 미래

알고리즘의
권위에 도전하라

완벽한 알고리즘은 없다

앞서 알고리즘의 부작용을 살펴봤지만, 알고리즘의 작동으로 인류가 많은 혜택을 얻고 있다는 사실을 외면할 수는 없습니다. 의료진이 우리 몸의 질병을 더 쉽게 찾아내는 데 도움을 주고, 기계의 오작동을 예고해 치명적인 사고를 막기도 합니다. 인간의 생명을 구하는 거창한 일이 아니더라도 알고리즘은 일상생활 속에서 인간을 편리하게 해줍니다. 무수한 정보의 바다에서 우리가 검색에 지치지 않도록 필요한 정보들을 선별해 보여줍니다.

그러나 모든 것에는 대가가 있는 법. 알고리즘에 의문을 제기하지 않고 그 편리함에만 빠져버린다면 인류는 언제든 알고리즘의 편향성이 키우는 사회적 차별이나 분열의 피해자가 될 수 있습니다. 알고리즘이 일으키는 오류로 치명적인 오판을 내릴 수도 있습니다. 이 때문에 알고리즘 개발에서 '설명 가능한 인공지능(explainable AI, XAI)'과 '책임 있는 AI(responsible AI)'에 대한 관심이 높아지고 있습니다.

블랙박스 속 작동원리를 들여다볼 수 있을까

XAI는 블랙박스처럼 속을 알 수 없는 AI의 한계를 극복하려는 시도입니다. 추론 과정을 알 수 있다면 잘못된 결과가 나왔을 때 개선하기가 쉬워지겠죠. 예를 들어, 인공지능이 '이것은 고양이다'라는 추론을 내렸을 때, 기존 인공지능은 왜 고양이로 판단했는지 설명해주지 못하지만, XAI는 '털, 수염, 발톱이 있다', '귀 모양이 뾰족한 특징을 지닌다'라는 식으로 추론의 근거를 제시합니다. 물론 아직은 연구 단계에 머물러 있습니다. 그러나 XAI가 실현된다고 하더라도 설계에 기초가 되는 인간의 윤리적 측면을 세우는 작업이 선행돼야 할 것입니다.

그 과정이 바로 '책임 있는 AI'입니다. 알고리즘의 편향성을 완전히 없애는 것은 불가능하기에, 편향성을 줄이기 위한 책임 있는 노력을 하자는 공감대가 형성된 것입니다. 알고리즘을 신격화해 절대적인 권한을 주는 게 아니라, 알고리즘도 인간처럼 실수할 수 있고 불합리한 판단을 내릴 수 있다는 걸 인지하는 것이 중요합니다. 완벽한 알고리즘은 존재하지 않는다는 것을 인정한다면, 우리는 알고리즘이 덜 편향되고 더 정확하게 작동할 수 있도록 항상 지켜볼 것입니다. 각국 정부와 학계, 기업, 시민단체와 종교기관까지도 더욱 공정하고 윤리적이며, 투명하고 신뢰할 수 있는 인공지능 시스템을 구축하려는 노력을 기울이고 있습니다. 기업들은 AI 가이드라인을 만들고, 편향을 방지하기 위한 기술 개발에 투자하고 있습니다. 학계와 정부 기관, 시민단체 등도 AI 윤리 법규와 정책들을 확산하는 활동에 주력하고 있습니다.[100]

책임 있는 AI를 위한 인류의 노력 계속돼야

마이크로소프트는 책임 있는 AI의 요소 6가지를 다음과 같이 내세웁니다.

▲ 공정성 (모든 사람을 공정하게 대한다)

▲ 투명성 (AI의 작동 원리나 시스템을 이해할 수 있어야 한다)

▲ 개인정보 보호 및 보안 (안전하고 개인정보보호를 존중해야 한다)

▲ 신뢰성 및 안전성 (AI 시스템은 안전하고 신뢰할 수 있어야 한다)

▲ 포용성 (모든 사람의 역량을 키우고 사람들을 참여시켜야 한다)

▲ 책임성 (모두가 AI 시스템에 대한 책임을 져야 한다)

핀란드에서 시작된 일반인 대상의 무료 인공지능교육 프로그램인 'AI의 요소(Elements of AI)'는 네덜란드를 비롯해 다른 유럽 국가들이 벤치마킹할 정도로 호응을 얻고 있습니다.[101] 이 프로그램은 핀란드 헬

---

100 Berkeley Haas Center for Equity (2020) "Mitigating Bias in Artificial Intelligence: An equity fluent leadership playbook", Gender and Leadership.

101 https://www.elementsofai.com/

싱키대학이 2018년 5월부터 IT 컨설팅 회사인 레악토르(Reaktor)와 함께 실시한 것으로, 먼저 1퍼센트(5만 5,000명)의 핀란드 국민에게 AI 교육을 시행하는 것을 목표로 세웠습니다. 6개 과목을 6주 안에 마칠 수 있도록 구성되어 있습니다. 인공지능의 원리와 관련 이슈들을 알기 쉽게 설명해 일반인들이 알고리즘의 작동 원리나 폐해를 인식할 수 있도록 돕고 있습니다. 핀란드 정부는 2019년부터 170만 유로의 예산을 투입해 전 세계인들에게 무료 교육을 제공하기로 했습니다. 2021년 1월까지 전 세계 170개 국가에서 60만 명 이상이 교육을 수강했습니다.

◪ OECD의 AI에 관한 원칙[102]

▲ 인공지능은 포용적 성장, 지속가능한 개발 및 안녕을 주도함으로써 인류와 지구에 이익이 되어야 한다.

▲ 인공지능 시스템은 법치, 인권, 민주적 가치와 다양성을 존중할 수 있도록 설계되어야 하며, 공정하고 정의로운 사회를 보장하기 위해 필요한 경우 사람의 개입이 가능하도록 적절한 보호장치를 포함해야 한다.

▲ 사람들이 AI 기반 결과를 이해하고 결과에 도전할 수 있도록 AI 시스템 전반에 대한 투명성이 보장되어야 하고 책임 있게 공개되어야 한다.

▲ 인공지능 시스템은 수명주기 내내 강력하고 안전하게 작동해야 하며 잠재적 위험은 지속적으로 평가되고 관리되어야 한다.

▲ AI 시스템을 개발, 배포, 운영하는 조직과 개인은 위의 원칙에 따라 적절한 기능을 수행해야 한다.

AI가 가진 편견을 줄이기 위한 국제적인 공조도 이뤄지고 있습니다. 한국이 의장국으로 주도해 발표한 OECD의 'AI에 관한 원칙 발표'는 42개국이 참여해 만들어졌습니다. AI의 미래에 대해 국제사회가 합의한 첫 권고안입니다.

인간과 알고리즘의 완벽한 팀워크

다른 많은 과학기술과 마찬가지로 인공지능은 선과 악이 없는 중립적인 기술입니다. 그러나 이를 활용하는 것은 인간의 영역입니다. 알고리즘이 인간 위에 군림하는 독재자가 될 것인지, 인간의 편의를 위해 작동하는 기술이 될 것인지는 결국 인간의 손에 달려 있습니다. 알고리즘의 결정이 잘못됐다면 그 배경은 무엇인지, 또 그로 인해 이득을 얻는 사람은 누구인지 따져봐야 합니다. 알고리즘의 잘못은 알고리즘에게 그 책임을 물을 수 있어야 합니다.

알고리즘에 대항해 세상을 구한 한 남자의 이야기를 소개합니다.[103] 주인공은 냉전 시기 소련군 장교를 지낸 스타니슬라프 페트로프입니다. 그는 러시아 핵 전쟁 관제센터에서 당직 사령으로 근무하고 있었는데, 임무는 컴퓨터가 미국의 공격을 알리는 경보를 울리면 이를 상부에 보고하는 것이었습니다. 1983년 9월 26일, 컴퓨터에서는 미국의 공격을 알리는 사이렌이 힘차게 울리기 시작했습니다. 당

---

102 OECD, "OECD Principles on Artificial Intelligence-Organisation for Economic Co-operation and Development", 2019.5.22.

103 BBC, "Stanislav Petrov: The man who may have saved the world", 2013.9.26. https://www.bbc.com/news/world-europe-24280831

장 상부에 미국의 핵 공격을 알려야 하는 일촉즉발의 상황이었지만 페트로프는 잠시 멈추고 기다렸습니다. 경보 시스템이 감지한 미사일 수가 5기였는데, 이를 미국의 공격이라고 순순히 받아들이기 어려웠습니다. 미국이 미사일 5기라는 초라한 전력으로 공격을 개시할 리가 없다고 생각한 것이죠. 그의 판단이 맞았습니다. 시스템 오류로 경보가 울린 것일 뿐 실제 소련 땅을 향한 미국의 핵 공격은 없었습니다. 페트로프는 자신의 판단이 맞는지 확신이 들 때까지 기다리는 동안 매우 초조했을 것입니다. 그러나 만약 그가 기계의 판단에 굴복해 크렘린 궁에 바로 보고했다면 어떤 일이 일어났을까요? 인류는 기계의 실수로 말미암은 핵 전쟁으로 어처구니없는 멸망을 맞았을지도 모릅니다.

페트로프의 이야기에서 우리는 모두를 위해 바람직한 알고리즘을 구축하는 해법의 실마리를 찾아볼 수 있습니다. 불완전한 인간과 불완전한 알고리즘이 팀을 이뤄 인간을 위해 더 나은 미래를 만들어 가는 것이죠. 클라우드 국가가 모두에게 공정한 삶의 터전이 되려면, 클라우드 국가의 근간이 되는 인공지능 자체의 불완전성을 인지해야 합니다. 그리고 알고리즘이 인간의 동반자로서 일할 수 있도록 결점을 줄여나가려는 모두의 노력이 필요합니다.

클라우드 시대의 인권

개인의 권리와 사회 안전, 현명한 균형을 위해서

　네트워크를 둘러싼 감시와 연결 문제. 클라우드 국가에서는 이를 둘러싼 논의가 한층 뜨거울 것입니다. 네트워크로 연결된 정보들이 클라우드 국가의 가장 중요한 자원이니까요. 만나는 사람, 참여하고자 하는 프로젝트, 일하려는 직장 등 클라우드 국가에서 결정해야 하는 모든 선택에는 투명하고 신뢰할 수 있는 정보가 핵심입니다. 믿을 만한 정보가 제공되는 동시에 개인의 사생활과 자유도 함께 보장되어야겠지요.

모두에게 주어질 보편적 권리, 연결될 권리

　연결될 권리는 모든 사람에게 공평하게 제공되어야 합니다. 급속한 디지털 전환이 진행되는 2021년에도 인터넷 접속조차 어려운 사람들이 지구 반대편에 살고 있습니다. 이리나 보코바 전 유네스코 사무총장은 전체 인류의 절반이, 개발도상국에서는 90퍼센트가 인터넷에 접근하지 못한다고 지적합니다.[104] 인프라 부족만이 문제가 아닙니다. 장애인의 디지털 접근 여건도 여전히 빈약합니다. 과학기술정보통신부와 한국정보화진흥원이 발표한 '2019 디지털정보격차 실태조사'에 따르면 장애인의 디지털 정보화 수준은 75.2퍼센트로, 일반인 기준(100%)에 크게 못 미치는 것으로 나타났습니다.[105] 오프라인 매장의 키오스크 같은 무인 서비스 접근이 어려운 것이 대표적이지요. 인터넷 사이트의 음성 지원 기능이 부족해 시각장애인들이 사이트를 이용하기 어려운 것도 여전한 문제로 지적됩니다. 이런 어려움은 디지털 디바이스에 익숙지 않은 고령자들에게도 존재합니다.

클라우드 국가가 원활히 운영되기 위해서는 시민 모두가 안정적으로 연결되어야 합니다. 지구 곳곳에서 생활하는 클라우드 시민들에게 차별 없는 네트워크 접근이 보장되어야 하지요. 그러므로 클라우드 국가들이 함께 참여하는, 글로벌 수준의 네트워크 접근이 가능한 개발 협력이 필요합니다. 개별 국가가 전 지구의 디지털 환경 개선을 실현하는 것은 거의 불가능하니까요. 디지털 인프라의 격차를 국가 단위의 문제로 인식해서는 대응이 어렵습니다. 이제 디지털 인프라의 격차는 글로벌 문제입니다.

---

104 여시재, "[포스트 COVID-19: 글로벌 미래대화 ③] 뉴노멀과 교육의 미래", 2020.6.29.https://www.yeosijae.org/research/989

105 시사위크, "편리한 디지털 세상? 소외된 장애인들 어쩌나", 2020.12.7.

디지털 창세기 시대에 연결될 권리는 보편적 권리로 존중받아야 합니다. 디지털 인프라 기준의 글로벌 표준을 제정하고 이를 위한 국제 협력을 추진하는 것도 방안입니다. 민간 기업의 서비스를 적극적으로 활용할 수도 있습니다. 6G와 위성을 이용한다면, 바다나 사막 같은 척박한 자연환경에 상관없이 빠르고 안정적인 네트워크 통신을 지구 어디에나 제공할 수 있습니다. 국가별로 방대한 인프라 구축을 위해 투자를 하는 것보다, 미래 산업을 주도하는 기술 서비스들을 선제적으로 도입한다면 빠른 시일에 디지털 격차를 해소할 수 있을지도 모릅니다.

장애인이나 고령자들의 네트워크 접근성은 기술로 해결할 수 있을 것입니다. 메타버스 플랫폼을 활용해 읽고 쓰지 않아도 네트워크에 접근할 수 있는 공간이 점점 늘어나고 있습니다. 더 쉽고 직관적인 서비스 개발과 보급을 사회가 지원해야 합니다. 장애나 나이에 상관없이 다양한 커뮤니티 활동이 가능하도록 클라우드 국가의 진입 장벽을 낮추는 노력도 필요합니다.

빅브라더를 감시하라

네트워크 속에서 살아갈 때 계속 고민이 되는 것은 아무래도 개인정보보호 문제겠지요. 자유롭게 생각하고, 말하고, 행동할 권리는 인간이면 누구나 누려야 할 권리입니다. 질서를 유지한다는 명분으로 개인의 권리를 침해하는 행동을 어디까지 용인할 수 있을까요? 감시 권력의 지나친 월권을 막을 안전장치는 무엇일까요? 이런 고민

속에 '감시 권력을 감시'하려는 노력이 생겨났습니다.

감시 체제를 상징하는 파놉티콘을 말씀드렸지요? 이 파놉티콘을 '감시'하는 개념도 존재합니다. 이를 시놉티콘(synopticon)이라고 합니다. 소수의 감시자가 다수를 감시하던 구도를 뒤집는 발상이지요. 푸코가 지적했던 감시자와 감시받는 사람들 사이의 비대칭적 관계가 역전하는 것입니다.

> ### ◾ 시놉티콘
>
> 노르웨이의 범죄심리학자 토머스 매티슨이 고안한 개념입니다. 다수의 국민이 소수의 권력자를 디지털 미디어를 통해 감시한다는 의미입니다. 정보 파놉티콘과 달리 정보 시놉티콘(synopticon)은 권력자와 대중이 동시에 서로를 보고 감시하는 쌍방향 메커니즘입니다.[106]

사회 진화에 따라 권력을 견제하기 위한 시스템이 등장했지요. 이에 따라 많은 사람이 감시 권력이 제대로 작동하는지, 지나친 점은 없는지를 감시할 수 있게 되었습니다. 그 역할은 의회에서 출발해 언론, 시민단체 등으로 확산했습니다. 우리가 수시로 사용하는 SNS도 막강한 시놉티콘입니다. 이제 권력자들 혹은 감시 권력 시스템 자체를 일반 대중이 24시간 다시 감시하고 있습니다. 잘못되거나 의심스러운 부분이 있으면 그 사실이 네트워크를 통해 실시간으로 공유됩니다. 권력이 독점하던 정보는 낱낱이 공개되고 공유됩니다.

---

106 이동훈, "유비쿼터스 사회에서의 언론권", 공법학연구, 6(2), 2005, pp.3~37.

나아가 블록체인 기술의 등장은 정부의 탈중앙화를 유도하고 있습니다. 참여자들이 실시간으로 공유하는 분산원장에 기록되는 정보를 변조하거나 위조하기란 불가능합니다. 정치, 경제, 사회 각 분야에 블록체인 기술이 도입될수록 '빅브라더'는 시놉티콘의 감시를 의식하고 더욱 투명하게 운영될 가능성이 커집니다.

누구도 차별받지 않을 네트워크

클라우드 국가의 목표는 결국 연결된 시민 모두의 삶과 권리를 보호하는 것입니다. 네트워크 안팎에서의 더 자유로운 삶을 위해 클라우드 국가는 끊임없이 진화할 것입니다. 아울러 클라우드 국가의 지속적인 성장을 위해서는 시민의 자유가 클라우드 국가라는 공동체의 이익을 해치거나 위협해서는 안 됩니다. 누구나 자유롭게 살 수 있으나 누구에게도 위협이 되지 않는 공동체를 만들어야 합니다.

비누 경찰 문제를 언급한 글에서 유발 하라리는 사람들에게 사생활과 건강 중 하나를 선택하도록 요청하는 것이 문제의 근원이라고 지적했습니다. 문제 설정 자체가 잘못됐기 때문입니다. 우리는 사생활과 건강 둘 다 즐길 수 있고 또 즐겨야 한다고 하라리는 주장합니다. 이를 위해 시민 역량을 키우고 글로벌 연대를 강화해야 한다고 조언했습니다.[107] 국가가 정보를 투명하게 공개하고 시민들, 그리고 다른 나라와 경험을 공유하며 서로 조언을 얻을 수 있어야 한다고 말합니다. 전염병 대응을 위한 국제적 연대 또한 강조합니다.

---

107 Yuval Noah Harari, "The world after coronavirus", Financial Times, 2020.3.20.

클라우드 국가에 주어진 연결과 단절의 고민도 같은 맥락에서 접근해보는 것은 어떨까요? 클라우드 국가에서 감시와 통제를 피하기 위해 연결을 희생할 것인지가 근본적인 딜레마입니다.

그러나 방법은 있습니다. 네트워크의 책임과 투명성을 확보하기 위한 논의의 장을 만들고, 공동체 간, 국가 간 공감대를 형성하는 것입니다. 그 과정은 현실 국가에서는 매우 더디게 진행되겠지요. 하지만 클라우드 국가의 구성원이 직접 참여해서 원칙과 약속을 정해가는 과정은 유연하고 빠르게 진행될 수 있습니다. 네트워크의 사회계약을 다 함께 고민하면서 클라우드 국가만의 공공선을 창조해낼 수 있습니다.

디지털 세상을
정화하는 해커 철학

　　디지털 노마드는 다음 시대의 주역이 될 것입니다. 아니, 모든 사람이 디지털 노마드로 살지는 않을지라도 디지털 노마드 라이프스타일을 부분적으로 향유하는 삶이 보편화할 것입니다. 상황에 따라 유연하게 재택근무를 병행한다든가, 해외 파트너들과 가상 세계에서 더 활발하게 만난다든가 하는 것들이죠. 사실 많은 디지털 노마드들이 그러하듯, 대부분의 오피스에서도 클라우드 시스템을 도입해 사무실 밖에서도 협업할 수 있는 환경을 마련해놓고 있습니다. 팬데믹을 거치면서 우리도 모르는 사이 디지털 노마드 DNA를 꽤 많이 갖게 된 것인지도 모릅니다.

　　문제는 디지털 노마드가 어떤 성격의 집단이 될지 예측할 수 없다는 점입니다. 우리는 앞에서 디지털 노마드가 디지털 아나키스트가 될 가능성에 대해 이야기했습니다. 어나니머스 같은 핵티비즘 집단이 보여주는 행태는 앞으로 가상세계가 확대될 클라우드 국가에서 위협이 될 수 있습니다. 지금 디지털 노마드가 보여주는 삶의 흔적에서도 파괴적인 성격이 조금씩 드러납니다. 디지털 노마드로 유명한 도시는 탈세, 젠트리피케이션, 성매매, 플랫폼 노동자 문제로 몸살을 앓고 있습니다. 오죽하면 이런 현상을 디지털 신식민지화라고 표현하는 이들도 있습니다.

해킹의 재발견

지금의 디지털 노마드가 보이는 파괴적인 모습은 두 가지 관점에서 해결할 수 있습니다. 바로 디지털 노마드 커뮤니티 스스로의 자정 노력과 클라우드 국가의 기본 인프라가 될 블록체인 시스템 원리입니다.

요즘 해킹(hacking) 개념이 새롭게 재해석되고 있습니다. 그로스 해킹, 시빅 해킹, 도시 해킹, 라이프핵 등의 용어가 등장했습니다. 보통 해킹이라고 하면 부정적인 느낌이 듭니다.

그러나 초창기 해킹은 지적 호기심으로 컴퓨터나 네트워크를 탐험한다는 의미였습니다. 리눅스를 개발한 리누스 토발즈나 자유 소프트웨어 운동을 시작한 리처드 스톨먼 같은 위대한 개발자도 커뮤니티 안에서는 해커로 불립니다.

그로스 해킹
마케팅에서 등장한 용어로, 데이터 분석을 활용해 고객 확보를 높인다는 개념입니다.

시빅 해킹
다양한 공공 데이터를 공개하고 이를 분석해 시민 참여로 사회 문제를 해결한다는 개념입니다.

도시 해킹
접근이 금지된 도시의 숨은 장소들을 탐방함으로써 도시 문제 해결의 실마리를 찾는다는 개념입니다.

라이프핵
간단한 습관이나 응용 방법을 가지고 실생활에서 마주하는 문제들을 해결한다는 개념입니다.

새롭게 등장한 이 용어들은 쓰이는 분야도, 세부적인 정의도 각각 다릅니다. 그러나 이들의 공통점은 해킹을 수단으로 자신들의 목표를 달성하겠다는 자세입니다. 나쁜 목적으로 해킹을 하는 블랙해커를 생각해봅시다. 이들은 수단과 방법을 가리지 않고 어떻게든 해킹이라는 목표를 달성하려고 합니다. 각종 보안을 피해 컴퓨터와 네트워크에 침투하기 위해서는 애초에 정석이 아닌, 전혀 다른 접근법을 취해야 할 테니까요.

새롭게 등장한 해킹 개념도 그렇습니다. 마케팅 효율을 높이기 위해서, 사회 문제를 해결하기 위해서 할 수 있는 모든 방법을 총동원

합니다. 디지털 시대에는 교과서에 있는 방법대로 문제를 풀 수 없다는 걸 알기 때문이지요.

그런 점에서 디지털 노마드에게 해킹은 일상입니다. 떠돌면서 사는 라이프스타일을 개척하고, 지구 반대편에 있는 동료들과 일하는 방법을 스스로 터득한 사람들입니다. 이제 막 수면 위로 떠오른 디지털 노마드가 자신이 머무는 도시를 파괴하는 모습을 보이기는 합니다.

하지만 그들의 해킹 정신이 노마드 도시로 향한다면 문제를 전혀 새로운 방법으로 풀어낼지도 모릅니다. 지금도 디지털 노마드 커뮤니티에서는 우리가 머무는 도시의 문제를 풀어야 한다는 자성의 목소리가 나오고 있습니다.

해커 철학이 꿈꾸는 세상

수단과 방법을 가리지 않는다는 게 어쩌면 일부 불법 행위를 일삼는 디지털 노마드를 더 부추긴다고 생각할 수도 있습니다.

그러나 수단과 방법을 가리지 않는 해킹이 부정적인 것보다 긍정적인 방향으로 흐를 것이라는 근거는 해커 철학이 지향하는 자유와 평등의 가치 때문입니다. 저널리스트인 스티븐 레비는 다음과 같은 7가지 해커 윤리를 정리했습니다.

1. 컴퓨터(그리고 세상이 돌아가는 원리를 당신에게 가르쳐줄 무엇인가)에 무제한으로, 그리고 총체적으로 접근해야 한다.

2. 항상 실전을 통해 배워야 한다.

3. 모든 정보는 '자유로워야' 한다.

4. 권력기관을 믿지 마라. 분권화를 장려하라.

5. 해커는 학위, 연령, 인종 혹은 지위 같은 가짜 기준이 아니라 해킹 능력으로 평가받아야 한다.

6. 컴퓨터 위에 예술과 아름다움을 창조할 수 있다.

7. 컴퓨터가 당신의 삶을 향상할 수 있다.

출처: 스티븐 레비, 《해커스: 세상을 바꾼 컴퓨터 천재들》, 박재호·이해영 옮김, 한빛미디어, 2013.

여기서 알 수 있는 해커 철학의 핵심은 자유와 탈중앙화를 통한 평등입니다. 디지털 노마드, 그리고 클라우드 국가가 지향하는 철학과 같습니다. 해커 철학은 자유 소프트웨어 운동으로 구체화됩니다. 1970년대와 1980년대 사이 미국에서 소프트웨어의 무단 복제가 법적으로 금지됩니다. 일종의 저작권 개념이 생겨난 것이지요. 프로그래머 리처드 스톨먼은 이것이 자유를 침해한다며 반발합니다. 스톨먼은 1985년 '자유소프트웨어재단(Free Software Foundation)'을 설립해 자유 소프트웨어 운동을 주도합니다. 누구나 자유롭게 소프트웨어를 수정하고 공유할 수 있도록 했습니다. 자유 소프트웨어 운동이 만든 히트 상품이 바로 리눅스 운영 체제입니다. 1991년 핀란드 헬싱키대학 대학원생이었던 리누스 토발즈가 리눅스를 처음 개발했습니다. 이 운영 체제는 수많은 개발자가 함께 공유하고 수정하며 지금까지

이어져 오고 있습니다.

해커들에게 소프트웨어를 마음대로 이용할 자유를 주었더니, 그 걸 악용하는 게 아니라, 집단지성으로 더 나은 제품을 만들어내고 있습니다. 리눅스는 서버와 슈퍼컴퓨터 운영 체제에서 압도적으로 많이 사용됩니다. 모바일 운영 체제 점유율 1위인 안드로이드도 리 눅스 기반으로 만들어졌습니다. 흔히 폐쇄적 운영 체제인 윈도보다 리눅스가 보안에 더 취약하리라 생각합니다.

그러나 리눅스 기반의 오픈소스 소프트웨어는 전 세계 프로그래 머들이 24시간 감시하고 오류를 바로잡고 있습니다. 오늘날 대부분 의 소프트웨어가 오픈소스로 개발되고 있는 걸 보면 해커들의 집단 지성이 세상을 파괴하는 게 아니라 더 나은 세상을 만들고 있다는 것을 알 수 있습니다. 소프트웨어의 소스 코드를 공개하고 개발자 들이 자유롭게 접근할 수 있도록 하는 것이 그들에게는 공공선 아닐 까요?

아나키즘을 막는 신뢰 시스템, 블록체인

해커 철학은 해커들이 사이버 세계를 파괴하지 않도록 지금까지 잘 이끌어왔습니다. 영화에서나 블랙해커가 멋있게 미화될 뿐이지, 커뮤니티 안에서는 돈만 노리는 잡범 취급밖에 받지 못합니다. 그런 해킹 범죄보다는 뛰어난 실력으로 더 멋진 프로그램을 만들어내는 게 그들 세계에서 인정받는 길입니다. 그런데도 앞에서 언급한 어나 니머스 같은 집단이 처음 의도와 다르게 아나키스트적 성격을 보일 우려가 있습니다. 디지털 노마드들 또한 자신이 모르는 사이 노마드 도시를 착취하기도 합니다. 디지털 기술의 발전이 해커와 디지털 노마드에게 더 큰 자유를 주었지만, 그 자유가 무언가를 파괴하는 방종으로 흐르는 것을 시스템적으로 막을 수는 없습니다.

블록체인은 영원히 풀지 못할 것 같았던 상호 불신의 문제를 다른 방식으로 풀어냅니다. 바로 비잔틴 장군의 문제를 해결했는데요, 설령, 우리 군대에 배신자 장군들이 있다 해도 나머지 3분의 2 이상의 장군이 충성스럽다면 함부로 배신할 수 없습니다.

비트코인은 이 문제를 작업증명(Proof of Work, PoW)이라는 방식으로 풀었습니다. 비트코인의 데이터는 해시함수값으로 변환됩니다. 해시함수의 특징상 해시값을 역으로 추적해 데이터 기록을 알아내는 것은 불가능합니다. 그런데 블록마다 직전 블록의 해시값이 연결되어 있어, 만약 배신자 노드가 위조된 거래 기록을 올리려고 한다면 전체 노드의 절반 이상을 확보해야 합니다. 친구들에게 거짓말을 할때, 절반 이상의 친구가 내 거짓말을 지지한다면 나머지를 다 속일수 있겠죠. 이것을 51퍼센트 공격이라고 부릅니다.

그러나 나머지 49퍼센트가 거짓말을 눈치 채고 떠나버릴 수 있습니다. 그만큼 시스템과 배신자 노드는 이익을 얻지 못하고 오히려 손해만 입게 됩니다. 시스템을 파괴하려는 자가 오히려 막대한 손해를 입는 구조이지요. 최근에는 작업증명에서 지분증명(Proof of Stake, PoS)으로 넘어가야 한다는 이야기도 많습니다. 작업증명이든 지분증명이든 중앙의 권위체가 없더라도 노드 간의 합의 알고리즘으로 신뢰체계를 유지할 수 있다는 것이 블록체인의 의의입니다.

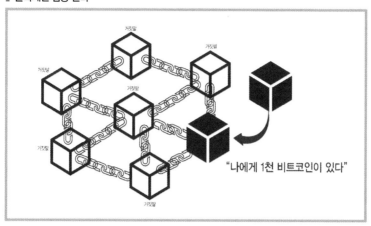

클라우드 국가에서 시민은 참여자이자, 수혜자이며, 네트워크 그 자체가 됩니다. 모든 시민이 초연결된 네트워크는 소수의 아나키스트가 결코 파괴할 수 없습니다. 모든 힘을 모아 전체 노드의 51퍼센트를 설득한다 해도 클라우드 국가를 파괴하려는 시도는 자신들에게 더 큰 손해를 안겨줄 것입니다.

자연스럽게 오늘날 일부 해커와 디지털 노마드가 보이는 파괴적 행태는 자취를 감출 것입니다. 나아가 이러한 시스템은 디지털 노마드가 클라우드 국가의 문제를 해결하기 위해 적극적으로 네트워크에 참여하도록 장려할 것입니다. 해커 정신과 블록체인 시스템은 클라우드 국가를 더 나은 세상으로 만들 것입니다.

클라우드 정부의
새로운 역할

클라우드 국가의 공무원, 데이터 스튜어드

클라우드 국가에서 정보는 가장 중요한 자산입니다. 가상공간에서 벌어지는 상호작용, 토의, 정책 결정, 공공 서비스, 새로운 가치 창출까지 모두 데이터를 기반으로 하기 때문입니다. 유럽위원회 고위급 전문가 그룹이 공익을 위한 민간-공공 데이터 공유의 필요성을 강조했습니다. 유럽의 데이터 공유를 촉진하기 위해 민간과 정부 기관에 데이터 스튜어드 포지션을 만들 것을 제안했습니다.[108]

미국 뉴욕대학 거브랩(GovLab) 연구팀이 데이터 스튜어드의 의무를 정리했습니다. 주요 의무는 데이터 공유를 위한 협력을 촉진하고, 데이터 공유로 인한 피해를 방지해 데이터 사용이 손에 잡히는 실질적인 결과를 가져오도록 하는 것입니다.[109] 우리는 클라우드 국가의

108 European Commission, "Experts say privately held data available in the European Union should be used better and more", 2020.2.19.

109 Verhulst, S. G., Zahuranec, A. J., Young, A., & Winowatan, M., "Wanted: Data Stewards", The GovLab, 2020.

미래 공무원이 정부 플랫폼을 운영하는 데이터 스튜어드가 될 것으로 전망합니다.

초연결 세계에서는 클라우드 시민 스스로 새로운 가치를 창출하고, 새로운 정책을 만들고, 사회 문제를 해결하고, 혁신을 일으킬 것입니다. 그러기 위해서는 클라우드 공론장의 기본 규칙을 마련해주고, 여기서 생산되는 데이터를 보호하고, 또 데이터가 공익을 위해서만 활용되도록 보장해야 합니다.

공무원인 데이터 스튜어드가 바로 이 역할을 할 것입니다. 만약 알고리즘이나 전체 시스템의 오류로 인해 공공 서비스 제공에 문제가

✖ 데이터 스튜어드십이란?

스튜어드(steward)란 말은 유럽에서 비롯되었습니다. 고대 영어로 집안 관리를 의미하는 궁정 직책이었습니다. 스튜어드십(stewardship)은 위임받은 자원을 책임 있게 관리하는 것을 의미합니다. 비행기나 열차 승무원을 영어로 스튜어드라고 하는 것은 승무원이 승객들의 안전을 지키기 때문입니다. 스튜어드십 개념은 경제, 환경, 데이터 등 다양한 분야에 적용되어 왔습니다. 대표 사례는 투자 스튜어드십, 환경 스튜어드십, 데이터 스튜어드십입니다.

데이터를 전문적으로 관리하는 사람이 데이터 스튜어드(data steward)입니다. 데이터를 안전하게 지키고, 가치와 품질을 높이고, 현명하게 활용할 수 있도록 데이터를 관리합니다. 조직 내에 데이터 스튜어드를 배치하면 더 바른 분석, 지속적인 데이터 관리, 부서 간 데이터 공유가 원활할 것입니다. 유럽에서 데이터 스튜어드는 이제 민간이나 정부 조직 내의 직책이 되었습니다. 공공 이익을 위해 다양한 조직 간의 데이터 공유 협업을 위해 활동하는 사람을 의미하기도 합니다.

발생한다면, 데이터 스튜어드가 그 알고리즘을 분석해 원인을 찾고 문제를 해결해야 합니다. 예를 들어, 교통 담당 데이터 스튜어드가 있다면, 스마트시티의 운영자처럼 교통사고로 발생한 교통 체증을 미리 파악해서 대응하는 것이지요. 무엇보다 시민들의 개인정보를 보호하는 것이 데이터 스튜어드의 최우선 임무가 될 것입니다.

클라우드 정부의 정책이 온라인에 열성적인 일부 시민의 이익만을 반영한 정책으로 전락하지 않으려면, 모든 시민의 적극적인 참여가 필요합니다. 이를 위해서 시민들의 사용자 경험(user experience)을 긍정적으로 만들어줘야 합니다. 정보의 바다에서 길을 잃지 않고, 시간을 낭비하지 않으며, 보람을 주는 경험이 되어야 합니다. 이것도 역시 데이터 스튜어드의 책임이 될 것입니다.

데이터 스튜어드 공무원은 중앙부처의 지시를 집행하는 것을 넘어, 시민들이 스스로 주인이 될 수 있도록 도와주는 역할을 할 것입니다.

한국은 클라우드 국가 선두주자가 될 수도

한국은 OECD 디지털정부평가(The OECD Digital Government Index[110]) 1위, OECD 2019 공공데이터 개방지수(The OECD OURdata Index[111]) 1위, 2020 UN 온라인 참여지수(The UN E-Participation Index[112]) 1위, 2020 UN 전자정부발전

---

110 OECD, "Digital Government Index: 2019 results", 2020.

111 OECD, "The OECD Open, Useful and Re-usable data (OURdata) Index: 2019", 2020.

112 UN, "E-Government Survey 2020", 2020.

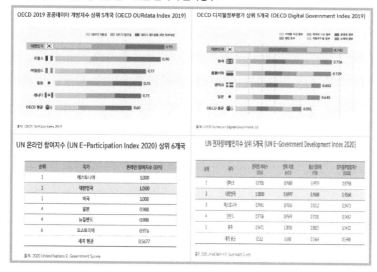

113 UN, "E-Government Survey 2020", 2020.

114 https://www.epeople.go.kr/

115 https://www.gwanghwamoon1st.go.kr/front/main/index.do

지수(The UN E-Government Index[113]) 2위를 차지했습니다.

　이처럼 한국 정부는 디지털 전환을 위해서 많은 노력을 기울이고 있으며, 세계적으로도 높은 평가를 받고 있습니다. 아울러 정부24 포털을 통해서 정부 체제의 온라인 통합을 추구하고, 국민참여포털인 국민신문고[114], 정책을 제안하고 참여할 수 있는 온·오프라인 창구인 광화문 1번가[115] 등 다양한 서비스로 국민들과의 소통을 위해 노력하고 있습니다.

　하지만 이처럼 온라인 제도가 활성화되었음에도 참여율은 매우 낮은 수준이며, 온라인의 강점인 집단지성의 힘을 활용하지도 못하고 있습니다. 그러나 한국의 디지털 전환 잠재력은 그 어느 나라보다 높습니다. 인구의 91.9퍼센트가 인터넷을 사용하고[116] 기술에 정통한(tech savvy) 인구가 많으며, 향후 6G 시대를 선도하고 있습니다.[117] 한국은 클라우드 국가의 선두주자가 될 수도 있으며, 모범적인 클라우드 정부로 전환할 수 있을 것입니다.

클라우드 국가는 아직은 상상 속의 국가이지만 그리 머지않은 미래입니다. 한국 정부가 상상력을 발휘해 미래 정부 모델을 선도적으로 제시해야 합니다. 한국 정부는 2000년대 초반, IT 시대를 예견하고 통신 인프라에 과감히 투자했습니다. 오늘날 디지털 정부로서의 경쟁력은 이러한 선견에서 시작되었습니다. 클라우드 국가 시대가 다가오고 있습니다. 이제 클라우드 정부로 과감한 체질 개선을 시도할 때입니다.

---

116 https://www.statista.com/statistics/226712/internet-penetration-in-south-korea-since-2000/
117 과학기술정보통신부, "'데이터 고속도로'의 미래, 6세대(6G) 이동통신에 대한 준비 본격 착수", 2020.8.6.

클라우드 공화주의 개혁
-클라우드 국가의 거버넌스 개혁

공화주의 이상에 기반한 클라우드 국가를 만들기 위해 해결해야 할 문제들은 어떤 것이 있을까요? 과연 이러한 문제들을 해결할 수 있는 디지털 공화주의적 솔루션은 있을까요? 있다면 어떤 것들이 있을까요? 이글에서는 이런 질문들에 대한 답을 찾고자 합니다.

진영정치의 고착

공적인 공간에서 해결해야 할 문제를 먼저 살펴봅시다. 진보와 보수 진영을 대변하는 양당 체제는 1990년대 이후 정착되었습니다. 양당 체제가 '타협과 협치의 관행'을 발전시켰다는 평가를 받기는 어려울 듯합니다. 그도 그럴 것이 진영대결을 고착화하는 '대립의 정치'

가 지속되어왔기 때문입니다. 혹자는 '죽음의 정치'라고 합니다. 섬 뜩하지요? 어느 한쪽을 완전히 제압하는 것을 목표로 싸운다는 의미 인 듯합니다. 이런 퇴행적 정치 구조는 어디서 비롯된 것일까요? 모 두 겉으로는 부인하지만, 극단적 진영정치의 근저에는 고질적인 지 역구도가 자리 잡고 있습니다. 이제는 아예 상수로 여기는 것 같습 니다. 과거에는 이를 타파해야 한다고 공허한 주장이라도 가끔 했지 만, 이제는 그런 노력조차 없습니다.

정치인들만 그런 것이 아니지요. 시민들도 마찬가지입니다. 서로 "저쪽 사람들이 정권 잡으면 우리는 큰일이다"라는 식의 이야기를 사적인 자리에서 서슴없이 합니다. 지역구도에 기반한 진영정치의 폐해는 비단 정치 영역에 국한하지 않고 사회 전반으로 영향을 미칩 니다. 기업에서도 빈번하게 일어나고 있습니다. 사장이 '저쪽 출신' 이 되면 '이쪽 출신'들은 긴장합니다. 이러한 경험은 지역구도에 대 한 사람들의 인식을 더욱 단단하게 만듭니다. 아예 어쩔 수 없는 것 으로 받아들이고 있는지도 모릅니다. 지역주의가 국가와 사회 곳곳 에 스며들어 눌어붙어버린 모양새입니다.

지역구도에 기반한 진영정치의 가장 큰 폐해는 정책 왜곡입니다. 자신들이 옳다고 생각해오던 정책도 상대방이 시도하면 부정하고 반대합니다. 정책의 선택은 불가피하게 가치 지향성을 가집니다. 그 러나 어디까지나 논리적 정합성의 한계 내에서의 이야기입니다. 실 효성을 결정하는 것은 후자입니다. 많은 정책 실패 사례에서 드러나 듯이, 정책을 국민 전체보다는 진영결집의 관점에서 결정합니다. 정 책 실패는 이미 예정되어 있는 셈이지요. 시작부터 경제 원리나 시장과는 유리되기 때문입니다.

포퓰리즘의 역습

개인 불안의 문제는 클라우드 국가에서도 더욱 심해지고 있습니다. 불안의 확산은 선동가를 탄생시키고 자라게 합니다. 오랜 역사를 거슬러 갈 것도 없습니다. 바로 얼마 전 정치 선진국이라는 나라에서 등장했으니까요. 전 세계가 혼란스러워하며 지켜볼 수밖에 없었습니다. 개인이든 사회이든 불안 문제가 자라는 한, 이러한 포퓰리스트는 언제나 등장합니다. 소득과 자산의 양극화가 지속되면 개인의 불안을 타고 언제든지 포퓰리스트가 나타날 수 있습니다. 이들이 잘 활용하는 기술은 진영 나누기와 공짜 약속입니다. '진영 나누기'는 다른 말로 하면 적이 누군지 분명하게 설정하는 것입니다. 모든 문제를 '저쪽의 잘못'으로 몰아갑니다. 어쩐지 익숙하지 않습니까?

공짜에 대한 약속은 유토피아를 제시하는 것입니다. 모두가 행복한 세상을 만들겠다고 합니다. 거기에 드는 돈은 국가가 알아서 한다고 합니다. 근데 국가가 누구입니까? 국가는 가상의 실체입니다. 국가는 결국 시민들이지요. '공짜'에 대한 약속은 결국 공짜가 아닙니다. 내가 내는 돈입니다. '미래의 나'가 '현재의 나'에게 주는 것일 뿐입니다. 돈만이 타임머신을 타고 왔다 갔다 할 수 있다는 것을 아시나요? 포퓰리스트는 금융시장이라는 타임머신을 이용해 나의 돈을 가지고 나에게 선심 쓰는 것입니다.

대의 민주주의가 주는 좌절과 열패감

대의 민주주의 정치를 정말 '필요악'으로 받아들여야 하는 것인지 많은 사람을 고민하게 만듭니다. 대안이 없다는 것을 알기에 그 폐해와 어처구니없는 '대표자들'을 보면서도 그냥 속앓이만 하는 것이지요. 선거에 유리하면 누구라도 내세웁니다. 국가와 사회, 공동체에 대한 어떤 고민, 어떤 비전이 있는지 알 길이 없지만, 얼굴이 잘 알려져 여론조사에 유리하게 나오는 소위 '경쟁력'만 있으면 정말 아무나 출마합니다. 더 슬픈 것은 그런 사람들이 당선된다는 점입니다. 대중의 무관심을 절묘하게 파고든 전략이지요.

여기다 진영논리까지 겹치면, 아예 상식을 넘어가버립니다. 무슨 말을 해도 진영이 환호하면 그냥 질러버립니다. 생업에 바쁜 시민들은 좌절합니다. '굶어 죽더라도 정치에 관여해야 하나?', '생업을 유지하면서 공공선을 위한 시민의 참여는 불가능한 것인가?' 직업을 가진 사람들이 어떻게 다 접고 정치 활동만 할 수 있나요? 이들이 내 생활에 영향을 미치는 정책을 결정하는데, 나는 이를 견제할 방법이 없다는 좌절감이 누적됩니다. 자조와 냉소가 자라면서 불안이 커집니다.

정치 무관심과 조울증

'나의 문제에 관심 없는 정치', '어처구니없는 대의 정치'가 주는 좌절, 열패감은 공공적 삶에 대한 극단의 반응을 하게 만듭니다. 어떤 때는 폭발적인 시민적 저항을 보이기도 하지만, 어떤 때는 아예 무시해버리는 모습이 동시에 나타납니다. '진영정치'가 극성을 부릴수록 무관심도 늘어납니다. 무슨 결정을 내릴지 뻔히 보이거든요. 기득권의 연합이 강력해져 무엇을 어떻게 할 방법이 없다고 느끼는 경우도 마찬가지입니다.

클라우드 국가에 내재한 공화주의적 요소들은 정치적 무관심을 초래하는 퇴행적 정치를 견제할 가능성이 있습니다. 그러나 이러한 자생적 메커니즘에만 맡겨놓기에는 문제의 뿌리가 매우 깊습니다. 더욱이 기득권 연대가 여론조작이나 유통망을 장악하는 경우, 자생적 메커니즘은 효과를 발휘하기 어렵습니다. 시민들은 이제 현실세계를 완전히 포기하고 가상세계로 이민 가버릴지도 모릅니다. 중국의 '탕핑족'이 떠오릅니다. 현실을 이기지 못한 사람들이 그만 누워버리기로 한 것일까요?

> ❌ 탕핑족
>
> 중국의 신조어인 탕핑(躺平)은 평평하다는 뜻입니다. 어차피 노력한 만큼 보상을 받지 못할 테니, 그냥 평평한 곳에 누워 있는 게 낫다는 중국 젊은이들의 자조가 섞인 신조어입니다. 노동 소득으로는 집도 사지 못하고 결혼도 못한다는 중국 젊은이들의 무기력이 드러납니다. 우리나라의 3포, 5포 세대와도 비슷합니다.

디지털 공화주의 개혁 방안

문제를 이야기하다 보면 슬퍼집니다. 그래도 계속하는 건 한국의 미래를 위해서 반드시 해결해야 할 문제들이기 때문입니다. 위에 언급한 문제들에 대해 디지털 공화주의 개혁은 어떤 방안을 제시할까요? 디지털 공화주의 개혁은 말 그대로 '공화주의적 솔루션'과 '클라우드 국가의 솔루션'이 융합되어 있습니다. 다음과 같은 4개 제안을 고려할 수 있습니다.

- 정·부통령제 도입
- 상하 양원제 도입 및 선거제도 개혁(상원: 중선거구제 도입)
- 디지털 선거 및 투표제도(국민투표 활성화)
- 디지털 정당

정·부통령제를 도입하자

지역구도에 기반한 진영정치를 완화하는 방안으로 정·부통령제와 양원제 도입을 고려해보자는 것입니다. 미래지향적으로 다원화되는 한국 사회를 반영한 것도 있습니다. 정·부통령제는 1인 대통령 중심제의 권력 집중을 완화하는 한편, 지역구도 완화에 활용될 수 있다고 보기 때문입니다. 예를 들어, 정·부통령 후보를 다른 지역 출신으로 정하면 지역 선거구도에서 오는 파행성을 어느 정도 완화할 수 있을 것입니다. 양 진영 모두 그렇게 후보를 정해버리면, 대통령 선거에서 지역구도가 선거를 왜곡하는 문제가 완화될 것입니다. 자연스럽게 국가의 미래 비전과 정책에 대한 대결이 될 수 있을 것입니다. 지역구도를 고려한 개혁이 너무 노골적이라고요? 어느 쪽을 택할 것이냐의 문제입니다. 감추고 뒤로 계속 지역 대결 선거를 할 것인지, 아니면 이제 서로 그런 것을 아니까 진솔하게 문제 해결 방안을 선택할 것인지 결정하면 됩니다.

정·부통령 후보를 남녀로 교차하는 것도 생각해볼 수 있습니다. 대통령이 여성이면 부통령은 다른 지역의 남성을 후보로 지명할 수도 있겠지요. 또 다른 변형은 세대 간 차이를 반영하는 것입니다. 대통령 후보가 60대이면 부통령 후보는 40대에서 선정하는 것이지요. 미래 지도자를 육성하는 효과도 거둘 수 있을 것입니다.

이 밖에도 정·부통령제는 여러 가지 장점이 있습니다. 다 열거할수는 없지만, 하나만 더 이야기하면 대통령과 부통령 간 권한 분담으로 인한 이점입니다. 예를 들어, 대통령은 국가안보와 외교 등 대외적인 권한을 갖고, 부통령은 경제 등 내치와 관련된 권한을 갖는 것입니다. 대통령의 권한 집중 문제를 완화할 수 있을 것 같습니다. 특히 인사권한의 집중을 완화할 수 있습니다. 문제점들도 있겠지만, 폭넓은 의견수렴을 통해 방안을 만들 수 있다고 생각합니다. 가장 큰 장점에 주목해 제도를 도입하는 것이 중요합니다.

상하 양원제와 중선거구제를 도입하자

상하 양원제는 지역구도를 완화할 뿐 아니라 단원제가 가진 대의정치의 단점을 보완하는 데 효과가 있습니다. 상원의원은 중·대선거구제를 통해서 복수의 당선자를 선발합니다. 다양한 제안들이 있겠지만, 여기서는 그냥 간단하게 전국 광역시와 도 전체를 선거구로 해서 각 2명씩 선출하는 방식을 제안합니다. 광역시장과 도지사를 당연직 상원의원으로 하느냐의 문제는 선택적 사항이라고 봅니다. 집행기관을 의회에 참여시키는 것이 논리적으로 문제가 있지만, 반드시 그렇게만 볼 문제는 아닙니다. 헌법 학자들의 전문적인 검토가 필요하겠지만, 상원의장을 미국처럼 부통령이 맡는다는 점을 감안하면 도지사와 광역시장이 상원의원으로 참여하는 것이 꼭 이상한 상황은 아니라고 봅니다. 상원의원의 수만큼 하원의원 수를 줄이면 전체 의원수를 크게 늘리지 않고도 양원제를 도입할 수 있습니다.

중선거구에서 상원의원을 선출하면, 양쪽 지역에서 다른 정당 소속 의원이 탄생할 수 있습니다. 지역구도를 완화하는 동시에 실질적인 제3정당의 출현도 가능합니다. 상하 양원의 운영에 관한 상세한 논점들은 여기서는 생략합니다.

디지털 선거제도와 투표제도를 도입하자

상하 양원제의 도입으로 선거가 많아지는 문제를 무시할 수는 없습니다. 그러나 선거를 축제처럼 요란하게 할 필요는 없다고 생각합니다. 오히려 시민의 일상과 가까이 다가가기 위해서는 너무 요란한 고비용 선거문화를 지양할 필요가 있습니다. 디지털 기술, 특히 최근에 활성화되는 가상세계의 플랫폼은 오프라인 선거를 대체하는 수준으로 진화하고 있습니다. 구체적인 디자인에 대한 많은 아이디어가 나오기를 기대합니다.

　디지털 기술은 국민투표제도를 큰 비용 없이 실시하게 합니다. 국민투표는 제한적으로 운용하는 것이 바람직하다는 견해가 있습니다. 부작용을 우려하기 때문이지요. 그러나 꼭 그렇게만 볼 것은 아닙니다. 진영논리와 대의 민주주의 난맥상을 보면, 정말로 중요한 정책 이슈에 대해서는 시민들이 직접 의견을 수렴하는 것을 마다할 필요가 없다고 봅니다. 더구나 변화 속도가 빨라지면서 느긋하게 의사결정을 할 여유가 없는 경우가 많습니다. 더욱이 디지털 기술의 진화로 시민들의 집단지성을 발현하는 데 큰 비용이 들지도 않습니다. 중요한 정책 안건을 디지털 국민투표로 결정하면 시민들의 공공정책 참여도를 높일 수 있겠지요. 이런 노력이 시민적 덕성을 확장하는 데 기여할 것입니다.

생활인이 만드는 디지털 정당

　공공적 삶을 실천하는 길 중 하나는 정당 활동에 참여하는 것입니다. 정당은 공공 정책에 관한 의제 설정, 정책 형성 과정에 참여하는 것은 물론 선출직 후보를 선발하는 정치 과정에도 참여합니다. 정당 활동을 하면, 공적인 삶의 범위가 크게 확대될 수 있습니다.

　일반 시민이 정당 활동을 하기에는 현실적인 제약이 많습니다. 시간적 제약은 차치하고도, 전업 정치인들에게 압도되어 제대로 된 역할을 할 기회가 없습니다. 들러리 역할에 머물고 말 가능성이 높지요. 양대 진영으로 굳어진 정치 지형에서 선택지조차 넓지 않습니다. 양쪽 모두 기득권화되어 있습니다. 잘 알려진 전업 정치인들이 지배하는 세계입니다. 변화하는 시민들의 목소리에는 관심이 있는 척만 합니다. 극단적인 진영논리에다 '고착된 이념', '정쟁에 특화된 프레임' 등등 생활인의 시각에서는 쓸데없거나 그들만의 문제로 보일 뿐입니다. 결국 현실세계에서 다양한 시민들의 목소리를 담아내는 정당을 새로 만드는 수밖에 없습니다.

생활인들이 정당을 만든다면 어떻게 될까요? 기성 정당의 벽, 대의 민주정치에 대한 회의감과 불쾌감을 해소하는 제일 좋은 방법은 직접 정당을 만드는 것입니다. 생활인이 부딪히는 가장 큰 문제는 생업을 유지하면서 정치적 참여를 실천해야 한다는 점입니다. 초연결 네트워크 국가인 '클라우드 국가'에서는 이것이 가능합니다. 온라인 플랫폼을 활용한 디지털 정당을 만들면 생활인들의 제약을 해소할 수 있을지도 모릅니다.

생활인의 정당을 온라인으로 만든다고 상상하면서 이들이 만들어가는 창당 과정을 한번 따라가 봅시다. 정당의 정강 정책, 당헌을 정하고 온라인 토론방을 개설합니다. 미리 정해진 것은 아무것도 없습니다. 무엇부터 할 것인지 정하는 일부터 온라인 토론으로 시작합니다. 복잡한 행정 절차, 법률 문제 등을 모두 의제로 올리고, 토론하고, 정리하고, 결정합니다.

이 정당은 생활인들의 정당이므로 당원들은 반드시 생활인으로 한정하기로 합니다. 반드시 생업이 있어야 합니다. 월급을 받든, 자영업을 하든, 공적·사적 영역에서 현업이 있다는 증명이 있어야 합니다.

정당 활동은 어디에서 이루어질까요? 온라인 플랫폼이 중심이 되겠지요. 가상세계 메타버스 플랫폼은 매우 효율적인 정당 활동 플랫폼이 될 수 있습니다. '가상 아고라'에서 상시로 토론회가 열립니다. 당원이면 누구나 가상 토론장에 시공간 제약 없이 참여합니다. 어떤 주제를 어떤 방식으로 정하는지에 대한 규칙(프로토콜)도 미리 정합니다. 논의를 정리하고 수렴해가는 과정에 각종 전문가 집단이 정보와 지식 자산을 공유합니다. 사실관계에 의문을 제기하면 팩트체크를 합니다. 인공지능 기술이 접목되어 논의를 정리하고, 논점이 집약된 정책 제안들이 투표안으로 제시됩니다. 이것은 법안이 될 수도 있고 정책 방안이 될 수도 있습니다.

디지털 생활인들의 정당은 재원을 어떻게 마련할까요? 클라우드 국가의 정당에도 당원비가 당연히 있을 것이고, 자산이 많은 당원의 기부도 있을 것입니다. 그러나 재원의 기본은 '크라우드 펀딩 방식'이 될 것입니다. 상상의 디지털 정당이 실제 세계로 나오면 필요한 재원 규모, 조달 방식들이 구체적으로 논의되겠지요. 어려운 일은 아닙니다. 하고자 하는 의지가 있다면 말입니다.

정당의 가장 큰 역할은 선출직 후보를 내는 것입니다. 디지털 정당에서는 선출직 후보도 클라우드 국가 방식으로 정합니다. 후보 자격, 추천, 결정 방식 등 모든 것을 집단적으로 결정합니다. 복잡하고 시간이 오래 걸릴 것 같다고요? 클라우드 국가에서는 문제가 되지 않을 것입니다. 의제 설정부터 결정까지 일정한 데드라인을 정해서 투표한다고 생각해봅시다. 얼마나 걸릴까요? 상상에 맡깁니다.

참여에 여러 가지 인센티브가 부여된다면, 상당한 속도로 의사결정이 이루어질 것입니다. 적극적인 참여자에게 어떤 형태이든 보상을 주는 것입니다. 적극적인 정당 활동자에게는 트랙 레코드가 체크되어 반영한다는 식이지요. 생활인 정당에서 참여 인센티브는 중요할지도 모르겠습니다. 모두가 시간을 내서 참여하는 것이니까요. 역시 이런 모든 규칙이 누군가의 제안으로 집단적으로 결정될 것입니다.

생활인 디지털 정당은 시민들에게 공적 삶의 공간을 제공합니다. 생업을 접지 않고도 나의 생활 가까이에, '손끝'에서 공적 삶의 공간을 만드는 것입니다. 공적 의제 설정 기능에서 항상 수동적인 위치에 있던 시민들이 이제 클라우드 국가에서 의제 설정 역할을 수행하는 것입니다.

디지털 정당은 다양한 형태로 나타날 수 있습니다. 생활인 정당이라는 건 하나의 예일 뿐입니다. 다양한 '디지털 트라이브'들이 정치와 공적 공간으로 관심을 옮긴다면, 이들 또한 정당으로 변모할 것입니다. 다양한 디지털 정당이 활발하게 탄생한다면 '클라우드 공화국'에 '다원적 민주주의'를 활성화할 수 있을 것입니다.

디지털 정당에서는 클라우드 국가의 디지털 플레이어들이 당원으로, 또 지원자로 활동하게 될 것입니다. 어떤 공적 존재보다 큰 영향력을 가진 사람들이 참여한다면, 디지털 정당이 실제 정치에 미치는 영향은 상상을 초월할 수도 있습니다. 이런 디지털 정당은 존재만으로도 기성 정치인에게는 위협적일 것입니다. 과연 디지털 정당이 새로운 정치 개혁의 길을 열게 될까요?

클라우드 국가의
공화주의 경제 개혁

앞서 클라우드 국가에서 공화주의가 꽃피우기 위해서는 시민의 공적 삶을 보장하는 최소한의 경제적 기초가 마련되어야 하며, 분배적 정의가 실현되어야 한다고 했습니다. 공화주의 경제 개혁은 바로 이 두 가지 원칙을 달성하기 위한 구체적인 정책 프로그램을 마련하는 것입니다.

공화주의 경제 개혁을 논의하기에 앞서, 어떤 전제조건에서 검토되어야 하는가를 먼저 생각해봅시다. 우선 자유시장경제 원칙과의 조화 문제입니다. 자유시장경제의 원칙과 부딪치는 개혁은 실행되기 어렵습니다. 시작하기 전에 진영 정치의 먹이가 되고 말겠지요. 또 하나의 관점은 공화주의 개혁이 클라우드 국가와 잘 어울리는가의 문제입니다. 클라우드 국가에서 실행이 불가능하거나, 클라우드 국가의 발전 흐름과 상충하는 것이라면 실행되기 어렵겠지요.

디지털 공화주의 2대 주제

공화주의 경제의 원칙을 실현하기 위해서는 다양한 프로그램들이 마련되어야 합니다. 여기서는 클라우드 국가가 직면하는 가장 큰 고민거리, 디지털 경제의 분배 문제에 관련된 과제들, 기본 소득과 공공 플랫폼 도입 문제를 중심으로 이야기하겠습니다.

기본소득과 그 대안 모색

기본소득제도는 말 그대로 일정한 금액을 모든 시민에게 지급하자는 것입니다. 제안자마다 금액, 지급 주기 등 세부적인 면에서 차이는 있습니다. 그러나 공통적인 핵심 요소는 (1)시민 모두에게, (2)동일 금액을, (3)일정 주기로 지급한다는 것으로 집약됩니다.

(1)번은 무차별 원칙으로서 대상을 제한하지 않는다는 뜻입니다. 연간 10억 원을 버는 고액 연봉자도 빈곤선 이하 일용직 노동자도 지급 대상이 된다는 것이지요. (2)번은 어떤 기준에서든 차등 지급이 없다는 의미입니다. 지금까지 익숙한 공정분배의 관념으로는 가난한 사람에게는 더 주고 부자에게는 덜 주든지 할 것 같은데 말입니다. 그런데 기본소득은 누구에게든 동일 금액을 지급한다는 원칙을 가지고 있습니다. 기본소득이 반드시 분배적 정의만 추구하는 것이 아니라는 의미로도 해석될 여지가 있습니다. (3)번은 한 번만 주는 게 아니라 매년 준다는 겁니다. 지급 주기는 월, 분기, 반년 등 정하기 나름이지만, 기본소득의 취지는 일시적인 제도가 아닌 지속적인 제도의 의미를 담고 있습니다.

기본소득, 문제는 없을까요? 가장 흔한 비판은 재원 문제입니다. 비록 소액을 지급하더라도 전 국민에게 지급하게 되므로 대규모 재원이 필요합니다. 예를 들어, 월 50만 원을 지급한다면(2021년 한국 인구 5,182만 명 기준) 연간 311조 원이 필요합니다. 조금 낮춰 월 30만 원을 지급하더라도 연간 187조 원이 듭니다. 이런 재원 소요 규모가 얼마나 큰 금액인지 감을 잡아볼까요? 2021년 우리나라 전체 세출예산은 558조 원입니다. 기본소득 50만 원을 당장 지급한다면 예산 규모가 869조 원으로 일시에 58퍼센트 증가하게 됩니다.

정부는 2022년 국세 수입을 283조 원 수준으로 전망합니다.[118] 기본 소득 재원을 모두 국세로 조달한다면 내년부터 세금을 두 배 이상 추가로 내야 합니다. 이게 가능할까요?

기본소득에 대한 두 번째 비판은 근로 의욕 저해 가능성입니다. 일해서 버는 소득과 비교해서 기본소득 지급 규모가 비슷하다면 악착같이 새벽밥 먹고 일터로 나가려는 사람이 얼마나 될까요? 실제 소득분포 상황과 비교해서 이 문제를 생각해봅시다.

2021년 한국 중위소득은 1인 가구 기준으로 183만 원, 4인 가구 기준 487만 원입니다. 2021년 중위소득[119] 50퍼센트 수준을 빈곤선이라고 합니다. 2021년 빈곤선은 92만 원(1인 가구), 243만 원(4인 가구)입니다. 기본소득으로 1인당 50만 원을 지급한다면, 1인 가구에는 소득의 54퍼센트, 4인 가구에는 월 200만 원으로 소득의 82퍼센트 수준

118 2021년 국세 세입예산안. https://eiec.kdi.re.kr/policy
119 2021년 중위소득. https://jtse.tistory.com/entry/2021%EB%85%84-%EA%B8%B0%EC%A4%80-%EC%A4%91%EC%9C%84%EC%86%8C%EB%93%9D

의 기본소득이 지급됩니다. 기본소득이 가구원 수에 따라 다른 영향을 미칠 거라는 게 느껴지시나요?

1인 가구는 기본소득을 지급한다고 해도 일을 그만두거나 일하는 시간을 줄일 것 같지는 않아 보입니다. 그러나 4인 가구에는 좀 영향이 있을 것 같습니다. 스스로 벌던 수입의 두 배 가까이 기본소득이 지급된다면 맞벌이 부부 중 한 사람은 일을 그만두거나 일하는 시간을 줄일 가능성이 없을까요? 아직 기본소득을 도입한 나라가 없기 때문에 근로 의욕에 미치는 영향에 대해 참고할 만한 자료가 부족하고, 개인 선택에 달린 문제라 객관적인 결론을 내리기도 어렵습니다. 그러나 기본소득 지급 규모에 따라 근로 의욕에 영향을 미칠 것이라는 의구심을 완전히 떨치기는 어려울 듯합니다.

지급 수준을 낮추면 어떨까요? 딜레마입니다. 어느 정도 의미 있는 수준으로 지급하면 재원 부담이 여전할 것이고, 너무 적은 금액은 기본소득의 취지가 사라져버리겠지요. 정작 도움이 필요한 사람에게는 푼돈이 되고, 부자들에게는 불필요한 지원일 뿐이라는 비판에 직면하게 됩니다.

기본소득을 당장 도입하기 어렵다면 단계별로 시행하는 방법을 생각해볼 수 있습니다. 기본소득 3요소 중 하나 또는 두 가지 요소를 사후에 순차적으로 시행하는 방법입니다. 가장 많이 고려하는 것은 지급 대상을 일정 소득 이하로 한정하는 것입니다. 예를 들어, 빈곤선 이하 가구만 지원하는 것이지요. 지급 규모를 장기적인 재정 건전성과 조세 부담률을 감안해 수용할 수 있는 수준으로 줄이는 방법입니다. 재원 사정이 나아지면 지급 대상을 점차 확대합니다. 문제는 이렇게 되면 최소한 일정 기간 동안은 '기본소득'이라 부르기 어렵게 됩니다.

또 다른 방법은 매년 주는 것이 아니라 비정기적으로 지급하는 방안입니다. 일정 기준 이하 저소득층에 대해 소득 변동이 극히 심한 경우에 지급하는 방안입니다. 예를 들어, 일정한 기준 이하로 경기 침체가 지속되거나 특별한 재난 상황이 발생한 경우입니다. 작년부터 지급해온 재난지원금이 대표적인 사례입니다. 재난 상황은 비교적 정의하기가 쉬운 편이지만, 경기 하락에 따른 소득 감소 상황을 미리 정한다는 것은 어지간한 지혜로는 어렵습니다. 다만, 근본적 한계를 시민들이 이해하고 동의한다면 어떤 기준이든 만들지 못할 일은 없다고 봅니다.

일정 기준 이하 저소득층에 대해 전년 대비 소득변동을 고려해 지원하는 방안도 있습니다. 예를 들어, 전년 대비 일정 수준 이하로 소득이 감소하면, 그 감소분의 일부를 보전해주는 방식입니다. 근로 의욕 저하를 방지하면서 중위소득 이하의 가구에 시행하는 소득지원 제도입니다. 일종의 '소득변동 보전제도'입니다. 아직 한 번도 시도한 적은 없지만, 기본소득제도를 시행할 여건이 조성되기 이전에 검토해볼 만한 방안입니다.

다른 대안은 기본소득 대신 '기본자산'을 지급하는 방법입니다. 일종의 '국민배당제도'라고 부를 수도 있습니다. 이에 대한 다양한 이론적 논의가 있지만 여기서는 생략하고요. 기본자산으로서 국민배당의 재원과 지급 방법에 대해서만 간략히 이야기해보겠습니다.

국민배당의 기초적인 재원은 국가가 보유한 공기업의 주식이 될 수 있습니다. 모든 공기업 주식은 당연히 국가 소유이므로 배당도 국가로 귀속됩니다. 비조세수입으로서 세입예산에 편입되어 재원으로 사용됩니다. 이러한 공기업의 배당을 일정한 경로를 통해 국민에게 배분해줌으로써 기본자산제도를 시작할 수 있을 것으로 보입니다. 대상·금액 등 세부적 사항이 검토되어야 하지만, 규모가 적은 경우 지급 대상을 저소득층에서부터 고소득층으로 순차적으로 확대해가는 방안을 생각할 수 있습니다. 사회적 합의를 이끌어내기 쉽겠지요.

국민배당의 재원은 공기업 주식에만 해당되는 것은 아닙니다. 각종 국유재산의 개발 이익, 공공시설의 운영 수익, 사회간접시설의 개발·운영 수익 등을 일정한 제도적 장치(vehicle)를 통해 집중하고 이를 대상 국민에게 배당 형식으로 지급할 수 있습니다. 제도적 장치는 다양한 형태가 있겠지만, 주식회사가 가장 바람직해 보입니다. 국민배당으로 지급되는 주식은 매년 또는 일정 기간 안분해 지급합니다.

기본자산으로 지급된 주식은 원칙적으로 처분을 금지합니다. 일반적인 담보 용도로도 사용을 금지해야 할 것입니다. 배당 현금 수입을 지원하는 것을 일차적 목적으로 하고 또 장기적으로 자산 형성의 기초가 되도록 하는 것이 목적이기 때문입니다. 상속은 허용해야겠지요. 이러한 국민배당제도는 기본소득제와 병행해 운용할 수도 있습니다.

이익 공유형 공공 플랫폼 도입

두 번째는 플랫폼 경제의 잠재적 부작용을 완화하기 위해 공공이 직접 플랫폼을 만들고 운영하는 것입니다. 플랫폼 경제의 부작용을 완화하려는 대안적 모델의 한 갈래는 플랫폼 협동조합입니다.

공공 플랫폼의 의도는 독점되기 쉬운 민간 플랫폼 시장에 '유효경쟁'을 도입하는 데 있습니다. 공공 부문의 지원을 받는 플랫폼이 제대로 작동한다면, 민간 플랫폼의 압도적 지배력을 견제하는 역할을 할 수 있다고 생각합니다. 이용자 가격, 서비스는 물론, 플랫폼 노동자들에 대한 보상 수준, 근로조건에도 긍정적인 영향을 미치게 될 것입니다.

공공 플랫폼이 민간과 '유효한' 경쟁 상대가 될 만큼 경영 역량은 물론, 혁신과 속도를 갖출 수 있느냐 하는 의문을 제기할 수도 있습니다. 공공 플랫폼의 성공 가능성을 걱정하는 분들이 가장 많이 지적하는 내용이기도 하지요. 그러나 어떤 비즈니스 모형이나 혁신 역량의 문제는 거버넌스 구조와 인센티브 적합성(incentive compatibility)과

> ✖ 플랫폼 협동조합
>
> 지금의 민간 플랫폼 경제가 지속되면 안정적인 일자리, 최저임금, 건강보험 같은 것들을 보장받을 수 없다는 우려가 커지고 있습니다. 플랫폼 경제의 어두운 면이 드러나면서, 협동조합 원리를 플랫폼 경제와 융합하는 움직임이 일어나고 있습니다. 플랫폼 협동조합 운동의 목적은 플랫폼 개발자, 노동자, 이용자 등이 함께 플랫폼 운영 방향을 결정하고 수익을 나눠 갖자는 데 있습니다.

밀접한 관련이 있습니다.

혁신을 촉진하는 지배구조와 의사결정 구조를 갖추고 있는가, 혁신을 추구하도록 참여자들에게 적절한 유인 구조를 갖추고 있는가의 문제입니다.

공공 플랫폼을 혁신 유인이 내재된 지배구조로 설계할 수 있습니다. 참여자 모두가 소유하고, 의사결정에 참여하며, 플랫폼의 이익을 공유하는 모형을 만드는 것입니다. 이러한 공공 플랫폼을 '이익공유형 플랫폼'이라고 이름을 붙여봅시다. 그리고 플랫폼이 어떻게 설립되고 운영될지 한번 상상해봅시다. 시민들의 제안에 따라 플랫폼을 설립하자는 움직임이 시작될 수 있습니다. 물론 다른 참가자들도 제안할 수 있지요. 민간 플랫폼과 일하는 플랫폼 노동자일 수도 있고 유능한 사회운동가일 수도 있습니다.

시민의 제안에 대해 공공 플랫폼 사업 영역과 가장 관련이 있는 정부 부처 또는 공기업이 관심을 보이면, 프로젝트 추진에 동의하게 됩니다. 시민사회와 여론의 적극적 지지가 있다면, 정부의 지원이 늘어날 수도 있습니다. 예산 지원을 넘어, 정보 접근, 국유재산 사용 등 여러 지원이 곁들여질 수도 있습니다.

많은 전문가들도 초청됩니다. 물론 인터넷 공간에서 이루어지겠지요. 전문가들이 참여하면서 플랫폼 설립에 대한 기술적인 문제들이 해결될 것입니다. 필요한 자본은 공공 부문의 지원과 시민들의 참여(크라우드 펀딩)로 마련됩니다.

'이익공유형 플랫폼'은 두 가지 특징을 지닙니다. 하나는 모든 의사결정은 이해관계자들이 참여해 결정한다는 점입니다. 의사결정 규칙부터 절차까지, 이해관계자들이 실시간으로 참여해 결정합니다. 의사결정 시스템은 블록체인 기반으로 구축될 것입니다. 블록체인 기반 의사결정 시스템은 클라우드 국가의 기본 인프라입니다.

또 다른 특징은 모든 참여자들에게 이익배분권을 준다는 것입니다. 이용자, 운영자, 플랫폼 노동자들에게 일정한 방식으로 배분합니다. 설립 단계에서 자본참여자들에게 일차적으로 지분이 배분될 것이지만, 이익배분권은 각종 보상지급 과정에서도 이루어질 수 있습니다. 예를 들어, 노동자들에게는 서비스 제공에 대한 대가를 100퍼센트 지급하는 것이 아니라, 일정 비율(예: 20%)을 이익배분권과 혼합해 지급하는 방법이 있습니다. 이 역시 참여자들이 논의해 결정합니다.

공공 플랫폼은 민간 플랫폼과 경쟁하면서 생존하는 것이 최대 과제가 될 것입니다. '이익공유형 플랫폼'은 민간 플랫폼과의 경쟁에서 충분한 경쟁력을 가지고 있다고 봅니다. 플랫폼의 경쟁력은 규모의 경제와 네트워크 효과에 달려 있습니다. 사용자이자 동시에 운영자인 시민의 연대와 참여로 운영되므로 규모의 경제와 네트워크 확장에 매우 유리합니다. 이러한 점은 '이익공유형' 플랫폼이 갖는 특별한 경쟁력입니다.

또 다른 걱정거리는 공공 플랫폼이 민간 플랫폼과의 서비스 경쟁에서 결국 뒤처지지 않을까 하는 점입니다. 혁신이 어느 정도 내재화된 지배 구조와 인센티브 구조를 마련한다 하더라도, 공공 부문이 민간의 창의력과 혁신 속도를 따라잡지 못할 것이라는 우려이지요.

그러나 이 역시도 시민 참여로 해결할 수 있습니다. '나의 플랫폼'

이므로 모두가 서비스 품질을 점검하고 문제 제기하면서 개선 방안을 내놓을 것입니다. 토론하고, 논쟁하고, 결정합니다. 클라우드 국가에서는 개방성, 초연결성, 비지배적 자유, 시민적 연대가 자생적 혁신을 촉진할 것입니다. 클라우드 국가에서 공공 부문이 혹시 혁신성이 떨어지지 않을까 걱정하신다면, 최근 세계적 인기를 끈 한국관광공사의 '범 내려온다' 홍보 영상[120]의 성공을 생각해보시기 바랍니다.

공공 플랫폼 도입을 추진할 때 한 가지 주의할 사항이 있습니다. 참여자의 범위를 너무 좁게 설정하면 문제가 될 수 있습니다. 즉, 지자체 단위에서 지자체 주민만을 대상으로 하는 플랫폼은 분명 한계가 있겠지요. 참여자 범위에 제약을 두지 않는 범용적 모형이 바람직합니다.

---

120   한국관광공사 유튜브, '범 내려온다'. https://youtu.be/B_X7n0AaLqA

클라우드 시대의 국제 협력 가능성

클라우드 국가 협력에서 클라우드 국가 연합으로

클라우드 국가들은 어떻게 협력할까요? 클라우드 국가 시대의 국제 협력은 어떻게 진화해야 할까요? 통상적으로 국가 간 경제 협력은 지리적 이점을 고려해 가까운 국가들과 더 밀접하게 이루어집니다. 지리적으로 멀고 문화적 콘텍스트가 서로 다른 국가와의 협력은 잠재력이 있을지라도 시공간의 제약을 받는 게 사실입니다.

클라우드에서 국가 간 협력은 이러한 제약이 없습니다. 게다가 제약을 뛰어넘은 협력은 개별 국가들에게 새로운 성장의 계기를 제공할 수 있습니다. 인구가 많은데 국토와 자원이 부족한 나라, 반대로 인구는 적은데 국토와 자원은 풍부한 나라가 파트너가 되어 상호 보완적인 관계를 형성할 수도 있겠지요. 예를 들어 클라우드 코리아와 클라우드 우크라이나가 협력할 수 있습니다. 지리적으로 멀리 떨어진 현실의 두 국가가 클라우드 상에서 먼저 협력을 실험해본다면 리스크와 비용을 줄일 수 있습니다. 클라우드 국가 연합이 클라우드 경제 공동체로 이어질 수도 있습니다. 현실세계에서는 지리적으로 가까운 나라들끼리 경제권 혹은 경제 연합을 만듭니다. 유럽연합(EU), 아프리카연합(AU), 동남아시아국가연합(ASEAN), 걸프협력회의(GCC) 모두 지역 경제 공동체이죠.

클라우드 시대가 되면, 동북아에서 늘 이상에 그쳤던 동북아시아 경제 공동체 탄생도 가능해질 수 있습니다. 현실세계에서는 역사 문제, 서로에 대한 신뢰 부족, 경제와 정치 제도의 차이가 공동체 형성을 막는 장애 요인으로 작용했지만, 클라우드에서는 크게 중요하지 않을 것입니다. 유럽연합의 기원이 유럽 석탄 철강 공동체에 있듯이 동북아시아 경제 공동체는 데이터 교류가 시작이 될 수 있을 것입니다.

클라우드 국가의 시민들은 현실 국가의 국민들과 다른 국적을 가질 수도 있습니다. 네트워크에서는 성별이나 출신 국가에 상관없이 누구나 클라우드 시민으로 활동합니다. 클라우드 국가의 행위자가 어떤 현실의 국적을 가졌는지는 의미가 없습니다. 클라우드 한국 시민권을 가진 미국 사람이 클라우드 국가 연합을 통해 다양한 비즈니스를 할 수도 있습니다. 만약 클라우드 에스토니아와 클라우드 한국이 이중 디지털 시민권 상호 인정을 합의한다면 어떤 일이 일어날까요? 이 사람은 유럽연합 시장에서도, 한·중·일이 참여하는 RCEP(역내포괄적경제동반자협정)에서도 경제활동을 할 수 있을 것입니다.

클라우드 세계는 디지털 창세기에 인류가 발견한 신대륙입니다. 우리의 상상을 넘어서는 기회들이 기다리고 있습니다. 그 기회를 어떻게 활용하느냐에 따라 클라우드 국가의 운명도, 현실 국가의 운명도 달라질 것입니다.

디지털 노마드의 초국경 연대가 클라우드 국제기구로

클라우드 국가들이 협력하면 전통적인 갈등과 분쟁을 더 쉽게 해결할 것입니다. 여기에 영향을 미치는 중요한 존재가 바로 클라우드 시민입니다. 클라우드 국가의 디지털 노마드들은 다른 클라우드 국가와의 갈등을 해소하기 위해 초국경적 연대를 형성할 수 있습니다. 디지털 노마드는 개인의 가치, 선호, 문제의식이 더 중요하고, 같은 가치를 가진 그 어느 집단과도 손을 잡을 수 있는 유연한 사람들이니까요. 기술적 문제를 직접 탐구해 해결책을 제시할 수도 있고, 단체 행동으로 국가나 기업에 압력을 행사하는 것도 가능하겠지요. 이러한 글로벌 연대는 이전에도 존재하던 방식이지만 클라우드 시대에는 더 큰 영향력을 발휘할 수 있습니다. 물리적·공간적 제약, 그리고 관계의 제약을 벗어나 더 광범위한 협력이 가능할 테니까요.

기후변화 문제도 마찬가지입니다. 파리기후변화협약으로 모든 국가가 탄소중립 의무를 갖게 되었지만, 기후변화 대응은 여전히 더디기만 합니다. 공통의 위기를 해결하는 데 있어 각국이 저마다의 국익만을 주장하는 상황이 지난 100년간 반복되었습니다. 그래서 국제관계에서 죄수의 딜레마 게임이 일상이 되었다고도 합니다.

✖ 클라우드 시민 간 초국경 연대 가능성

2017년 노벨평화상은 핵무기금지협약을 추진해온 ICAN(International Campaign to Abolish Nuclear Weapons, 핵무기철폐국제캠페인)이라는 NGO에 돌아갔습니다. 핵무기의 완전한 금지를 주장하는 ICAN이 노벨평화상을 수상했을 때, 핵 보유국을 비롯해 한국과 일본 정부도 공식적인 입장을 내놓는 데 소극적이었습니다. ICAN의 활동에 힘입어 2021년 1월 핵무기금지조약(Treaty on the Prohibition of Nuclear Weapons, TPNW)이 발효되었으나 비준국은 50여 개 나라에 그쳤습니다. 물론 대다수의 핵 보유국은 참여하지 않았습니다. ICAN의 활동이 클라우드 국가들 사이에서 진행된다면 어떤 일이 벌어질까요? 클라우드 시민들은 핵무기의 사용 억제를 넘어서 핵무기를 지구상에서 없애는 방안을 함께 고민하겠지요. 이러한 움직임이 현실 국가들의 핵 보유 및 핵무기 사용 전략을 재검토하도록 영향력을 발휘할 수 있습니다. 이 운동이 선거에도 영향을 미치는 초국경 연대로 성장할 수도 있겠지요.

✖ 기후변화 책임을 둘러싼 논란

탄소 배출을 둘러싼 논쟁은 최근 미·중 간의 육식 논쟁으로 이어졌습니다. 2021년 초 〈타임〉 지는 전 세계 돼지고기의 절반을 소비하는 중국의 육식 문화가 이산화탄소 배출에 미치는 영향을 지적했습니다. "중국이 축산업 규모를 절반으로 줄이면 이산화탄소 배출량이 10억 톤 줄어든다"고 강조했습니다. 이에 대해 중국은 OECD 자료를 인용해 중국의 1인당 육류 소비량이 44.4kg인 반면, 미국은 101.6kg, 호주는 89.3kg이라고 반박했습니다.[121]

기후변화라는 공통의 위기에 대응해야 할 때 서로의 책임을 탓하는 것으로 논의의 초점이 번져버린 것이지요.

266

클라우드 국가에서는 다른 미래를 그려볼 수 있습니다. 클라우드 국가에서 활동하는 디지털 노마드들은 세계시민으로서의 정체성을 자연스레 가지는 사람들입니다. 물리적 제약을 넘어서 폭넓고 유연한 관계를 맺는 디지털 노마드는 자신의 가치관과 문제의식을 신속하게 제기하고 국경을 넘어선 협력의 연대를 형성할 수 있습니다.

신뢰의 메커니즘으로 움직이는 국제기구

베스트팔렌 체제의 국가들은 저마다의 국익을 최우선으로 하다 보니 글로벌 협력에는 한계가 뒤따랐습니다. 클라우드 국가 시대는 디지털 트라이브가 주역이 되는 시대입니다. 글로벌 연대에 익숙한 세대이므로 그만큼 더 유연하게 문제를 해결하는 것도 가능하겠죠. 이러한 디지털 트라이브의 영향력은 클라우드 국가들의 행동 변화를 유도할 수 있습니다. 외교적 수사에 그치는 국제 협력이 아닌 실질적 문제 해결을 위한 협력의 네트워크를 구축할 수 있습니다. 블록체인을 사용한다면 클라우드 국제기구 내의 논의를 투명하게 관리하고 기록할 수 있습니다. 기록된 정보를 바탕으로 기구 내에서의 의결권을 배분하는 것도 가능합니다. 문제 해결에 기여한 클라우드 국가에는 이에 상응하는 인센티브를 지급할 수도 있겠습니다. 강대국과 약소국이라는 힘의 논리가 아니라, 사안에 대한 진정성과 기여도를 가지고 그 국가의 위상을 평가하는 국제기구가 등장할 수 있습니다. 이러한 클라우드 국가들의 국제 협력이 새로운 표준이 된다면

---

121   한국일보, "'중국인 육식 줄여야'…먹는 문제로 불붙은 美中 '기후대응' 경쟁", 2021.1.29.

클라우드 유엔 결성도 헛된 꿈만은 아니겠지요.

클라우드 국가 시대에는 칸트가 꿈꾸었던 진정한 영구평화가 실현될 가능성이 어느 때보다 높다고 생각합니다. 지리적 경계에 얽매인 근대국가를 넘어, 세계시민에 의해 움직이는 사회야말로 칸트가 꿈꾸었던 영구평화의 모습이기 때문입니다. 세계시민들은 단순히 전쟁의 종결을 넘어 기후변화, 양극화, 전염병 등 전 지구적 차원의 어젠다들에 대해 스마트한 해결책을 찾아낼 수 있을 것입니다. 국익이 아니라, 가치와 신뢰를 앞세우는 클라우드 국제 관계를 만들어보는 것은 인류에게 즐거운 도전이 아닐까요.

지속가능한 클라우드 국가

새로운 에너지원을 찾는 움직임

클라우드 국가는 엄청난 전력이 필요합니다. 폭발적으로 늘어난 디지털 디바이스의 전력 수요를 어떻게 충당할 것인지가 클라우드 국가 운영의 핵심 자원이 될 것입니다. 아울러 더 깨끗하고 안전한 전력원을 확보하는 것도 중요한 문제입니다.

최근 가장 주목받는 것은 소형모듈원자로(Small Modular Reactors, SMR)입니다. 빌 게이츠와 워런 버핏이 SMR 건설을 추진한다고 알려지며 더욱 관심을 모았습니다. SMR은 원자로와 증기발생기, 냉각재 펌프, 가압기 등의 주요 기기가 하나의 원자력 압력 용기에 담긴 '일체형'인 것이 특징입니다.[122] 기존 대형 원전은 배관으로 연결되어 있어 방사능 유출 가능성이 높습니다. SMR의 일체형 구조는 원전 사고의 가능성을 획기적으로 감소시켰습니다. 기존 대형 원전의 노심 손상

---

122 매일경제, "안전성 1만배 높인 '꿈의 원전' SMR…탄소중립 핵심 대안으로", 2021.6.17.

확률 기준은 10만 년에 1회인데, SMR의 안전성 기준은 10억 년에 1회라고 합니다. 1만 배 높은 안전기준입니다. SMR은 소규모 발전도 가능합니다. 탄소 배출을 줄이고 안전성을 확보한 SMR 개발을 각국이 서두를 수밖에 없지요. 영국 국립원자력연구소는 2035년까지 전 세계에서 SMR 650~850기 건설이 추진돼 시장 규모가 2,400억~4,000억 파운드(약 379조~632조 원)에 달할 것이라고 전망했습니다.[123]

■ 대형 원전과 SMR 비교

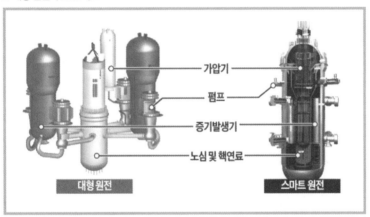

출처: 한국경제, '도시에 짓는 중소형 원전…안전 비결은 일체형 구조', 2015. 3. 8.

수소 에너지도 주목받고 있습니다. 온실가스를 배출하지 않는 수소는 저장과 운반이 쉬운 데다 높은 에너지 효율을 자랑합니다. 아직은 화석 에너지를 사용하는 그레이 수소가 주류입니다. 현재 화석 에너지 소비 없이 수소를 생산하는 그린 수소 생산 기술이 바삐 발

---

123 조선일보, "'꿈의 원전' 불꽃경쟁…美·러·中·日·韓 70여종 개발 중", 2021.6.4.

전하고 있습니다. 그린 수소 기술이 상용화되면 수소연료전지를 이용해 가정에서 전력을 공급하는 것도 가능합니다. 노심 내에 소규모로 설치하는 분산전원으로서의 잠재성이 충분하지요. 수소연료전지는 환경 문제 없이 지속적인 에너지를 생산할 수 있고, 발전량을 빠르게 변경할 수 있어 안정적인 전력망을 구축할 수 있습니다. 또한 수소연료전지를 활용해 전력을 생산하고, 거기서 부산물로 발생하는 열을 주거와 상업용 건물에 냉난방과 온수를 공급하는 열병합발전용 수소연료전지 기술로 발전시킬 수 있습니다.[124]

클라우드 발전, 프로슈머를 통한 전력 거래

클라우드 국가에 어울리는 발전 방식은 이미 진행 중입니다. 가상발전소(Virtual Power Plant, VPP)라고 불리는 클라우드 발전이 바로 그것입니다. VPP는 가정용 태양광과 같이 분산된 소규모 에너지 발전, 축전지, 연료전지 등의 발전 설비와 전력 수요를 클라우드 기반 소프트웨어로 통합 관리하는 가상의 발전소입니다.[125]

---

124 현대자동차그룹, "수소에너지,자동차 그 이상, 수소사회로의 패러다임 체인저", 2021. https://tech.hyundaimotorgroup.com/kr/fuel-cell/hydrogen-energy/

125 네이버 IT용어사전.

◆ VPP의 등장과 전력 시장의 변화

VPP의 등장으로 재생에너지의 한계가 해소되기 시작했습니다. 2050년 탄소 배출 제로, 즉 탄소중립이라는 파리기후변화협약의 목표를 달성하기 위해 각국이 분주하게 움직이고 있다는 기사를 종종 접했을 겁니다. 탄소중립을 위해 태양광, 풍력 등 재생에너지를 사용한 소규모 발전이 증가하고 있습니다. 재생에너지를 이용한 발전은 그간 기상이나 지리적 여건에 따라 발전량이 달라지는 한계가 있었습니다. 하지만 에너지저장장치(Energy Storage System, ESS)의 등장으로 제약을 극복하게 되었습니다. ESS로 저장된 여유분의 전력을 연결해 수요와 공급을 실시간으로 조절하는 전력망이 가능해진 것입니다. 이를 스마트그리드(Smarid)라고 부릅니다.

▋ VPP 개념도

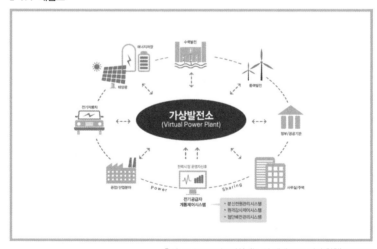

출처: Q-STORY, '뜨거워지는 전 세계 VPP 시장 현황', 2020. 7.

ESS와 스마트그리드의 확산은 소규모 사업자가 전력 시장에 진입할 수 있는 여건을 제공해주었습니다. 이전의 원자력, 화력발전소에서 전력선으로 전기를 공급받던 방식에서 벗어나, 지역의 소규모 발전사들이 직접 전력을 거래할 수 있게 되었습니다. 이들은 생산한 전력의 여유분을 팔기도 하고, 때로 예기치 못한 전력 수요가 발생하면 시장에서 직접 구매하기도 합니다. 이처럼 생산자인 동시에 소비자인 이들을 '프로슈머(producer와 consumer의 합성어)'라고 부릅니다. 프로슈머들 사이의 전력 거래가 실시간으로, 투명하게, 그리고 유연하게 진행되도록 하는 것이 바로 클라우드 발전소의 역할입니다. 말 그대로 진짜 발전소를 세우지 않고도 전력을 제공하는 가상 속 발전소입니다.

클라우드 발전소를 사용하는 프로슈머는 이미 전력 시장의 중요한 행위자가 되었습니다. 한국만 해도 2019년 6월 기준 전력 시장 참여 회원은 총 3,064개 사업자로 97퍼센트 이상(2,973개)이 신재생 사업자이며, 신규 가입 회원의 대부분은 태양광 사업자라고 합니다. 2019년 7월까지 1.64GW의 태양광 발전 설비가 신규로 설치되었는데, 이 중 1MW 이하 설비가 전체 설치량의 92.1퍼센트(1.5GW)를 차지했습니다.[126]

---

126   에너지데일리, "수요관리 핵심 가상발전소가 뜨고 있다", 2020.5.25.

클라우드 국가의 철학과 부합하는 전력의 미래

클라우드 발전소는 클라우드 국가의 철학과 부합하는 전력의 미래를 제시합니다. 프로슈머는 전력 시장의 생산자이자, 소비자이며, 의사결정자입니다. 클라우드 발전소를 통해 참여자들은 투명한 전력 거래를 경험합니다. 프로슈머 간의 혹은 기업과 프로슈머 간의 전력 거래 시스템에 블록체인을 도입해 거래 참가자 모두에게 이익이 돌아가는 전력 시장이 형성되는 것이지요. 생산과 소비 과정에 참여한 만큼 코인으로 보상을 받을 수도 있습니다. 에너지의 인터넷이라고도 불리는 클라우드 발전소를 통해 소비자는 전기요금을, 전기사업자는 피크시간대 전력을 도매로 싸게 구매하고, 배전망 투자 비용을 줄이는 효과를 거둘 수 있습니다.

클라우드 발전소의 거래는 전력 생산과 소비에 그치는 것이 아니라, 전력 소비문화에 영향을 줄 수 있습니다. 전체 전력 수요와 공급을 예측해 전력 소비를 줄이는 방향을 제시할 수도 있을 것입니다. 지금까지 전기를 아끼기 위해 진행된 캠페인들은 대부분 전기요금을 아낄 수 있다는 점을 강조해왔습니다. "안 쓰는 콘센트 하나를 뽑으면 1년에 OO원을 아낄 수 있어요"라는 방식이지요. 클라우드 발전소 안에서는 전기를 아끼는 노력을 블록체인의 코인으로 보상할 수 있지 않을까요. 각 가정, 기업, 공장에서 사용하는 정확한 전력량을 측정하고 실제로 절전을 위해 어떤 노력을 했는지 파악하는 것이지요. 예를 들어, 항상 콘센트에 꽂아두었던 기기를 필요할 때만 사용했다거나 하는 세세한 전력 사용과 절약의 패턴을 알아내는 것입니다. 이 결과를 가지고 "당신은 이번 달에 OOW만큼 전기를 아끼

셨네요. 그만큼 코인으로 보상하겠습니다"라고 안내할 수도 있겠지요. 전력을 최대한 낭비하지 않으면서 환경에도 도움이 되는 시스템을 만들 수 있습니다. 가치와 비전에 공감하는 사람들이 모여 만든 클라우드 국가라면 가능한 일입니다.